大连市教育科学规划立项课题
"九年一贯制学校情·知立体家庭教育的探索与实践研究"
（课题批准号：LRYJ45）研究成果

家庭教育指南

家教36坑，避坑36技

杨旭华 姚琳 张蕾 著

大连出版社
DALIAN PUBLISHING HOUSE

© 杨旭华 姚琳 张蕾 2025

图书在版编目（CIP）数据

家庭教育指南. 家教36坑，避坑36技 / 杨旭华, 姚琳, 张蕾著. -- 大连 : 大连出版社, 2025. 7. -- ISBN 978-7-5505-2316-6

Ⅰ. G78-62

中国国家版本馆CIP数据核字第2025HY6755号

| 出 品 人：王延生
| 策划编辑：尚 杰
| 责任编辑：尚 杰　张海玲
| 封面设计：林 洋　兰昕恬
| 责任校对：郑雪楠
| 责任印制：刘正兴

出版发行者：大连出版社
　　　地　址：大连市西岗区东北路161号
　　　邮　编：116016
　　　电　话：0411-83620245 / 83620573
　　　传　真：0411-83610391
　　　网　址：http：// www.dlmpm.com
　　　邮　箱：dlcbs@dlmpm.com
印 刷 者：大连市东晟印刷有限公司

幅面尺寸：170 mm × 230 mm
印　　张：17.25
字　　数：204千字
出版时间：2025年7月第1版
印刷时间：2025年7月第1次印刷
书　　号：ISBN 978-7-5505-2316-6
定　　价：70.00元（全二册）

版权所有　侵权必究
如有印装质量问题，请与印厂联系调换。电话：0411-87835817

前言

您有"坑"来咱有"法"

结婚有结婚证,生娃有准生证,开车有驾驶证,请问,您有"家长上岗证"吗?什么?做家长还要持证上岗?《中华人民共和国家庭教育促进法》已于 2022 年 1 月 1 日起施行,然而我们家长仍在"无证驾驶",这是否有些令人担忧?坦白说,在家庭教育这条路上,陷阱重重,坑父母、坑孩子,更可能葬送整个家庭的未来。值得庆幸的是,您有"坑",我们有"法"。

本书梳理的 36 个教育陷阱,可分为三大类:

第一类:教育方式之坑。

包括让孩子丢脸、强调孩子的缺点、相信"棍棒"教育、总说"你怎么这么笨"、和别人家的孩子比成绩、用自己年轻时的经历教育孩子等。

第二类:家长自身之坑。

涵盖培养孩子成了唯一目标、替孩子"做梦"、没目标的家长、把爱称斤论两明码标价、教育孩子的观点不一致、常在孩子面前吵架、单亲补偿心理等。

第三类：认知误区之坑。

诸如电子产品是主因、学习的好坏在智商、学习是痛苦之源、学习不好是老师的错等。

本书针对这三类陷阱，提供36个即学即用的解决方案。这些方案兼具针对性与实操性，如同育儿工具箱中的万能钥匙。书中特别收录牛娃家庭成长实录，这些故事不仅是"牛娃养成记"，更是家长的进阶指南，让家长明白普通家庭如何通过共同成长，实现从"一人牛"到"全家牛"的蜕变——原来"牛"是这样练成的！更有"爹娘练个手"特色板块，正所谓，"纸上得来终觉浅，绝知此事要躬行"。

本书摒弃艰深理论，既可作育儿工具书随时查阅，亦可当教育小品文轻松阅读。当您焦虑疲惫时，不妨翻开此书。育儿需要幽默感，因为爱笑的家长，更有可能培养出阳光的孩子。

目录
Mulu

第一坑　让孩子丢脸 ··· 1

第二坑　强调孩子的缺点 ··· 4

第三坑　相信"棍棒"教育 ··· 8

第四坑　总说"你怎么这么笨" ··· 12

第五坑　和别人家的孩子比成绩 ··· 14

第六坑　用自己年轻时的经历教育孩子 ································· 16

第七坑　培养孩子成了唯一目标 ··· 19

第八坑　廉价的表扬 ··· 21

第九坑　替孩子"做梦" ··· 24

第十坑　鸡同鸭讲式"尬聊" ··· 27

第十一坑　没目标的家长 ··· 30

第十二坑　孩子的分数，家长的晴雨表 ································· 33

第十三坑　要啥给啥，你就应该努力学习 ····························· 36

第十四坑　把爱称斤论两明码标价 ··· 39

第十五坑　教育孩子的观点不一致 ··· 42

1

第十六坑　常在孩子面前吵架 …………………… 46

第十七坑　单亲补偿心理 …………………………… 49

第十八坑　隔代教育隔代亲 ………………………… 53

第十九坑　作业一来鸡飞狗跳 ……………………… 56

第二十坑　铁路警察各管一段 ……………………… 59

第二十一坑　自己"躺平"，让"弹"飞 ………… 61

第二十二坑　小树应该自己长 ……………………… 64

第二十三坑　给孩子"软禁" ……………………… 67

第二十四坑　"老母鸡"式带娃 …………………… 70

第二十五坑　孩子好坏全看妈 ……………………… 72

第二十六坑　父母无成，子女难兴 ………………… 75

第二十七坑　电子产品是主因 ……………………… 77

第二十八坑　做孩子行动的监视员 ………………… 80

第二十九坑　惩罚是必需的 ………………………… 83

第三十坑　学习的好坏在智商 ……………………… 86

第三十一坑　"双标"的家长 ……………………… 89

第三十二坑　抱怨成为家常菜 ……………………… 92

第三十三坑　在孩子面前评论别人 ………………… 95

第三十四坑　学习是痛苦之源 ……………………… 98

第三十五坑　江山易改，本性难移 ………………… 101

第三十六坑　学习不好是老师的错 ………………… 104

附：抵制校园欺凌　家长行动进行时 ……………… 107

第一坑

让孩子丢脸

在当今的家庭教育中，一个普遍存在的问题是家长不注重沟通方法，对孩子的教育缺乏技巧，导致孩子产生逆反心理或自卑情绪。比如，当孩子犯错时，有些家长可能会在众人面前直接批评孩子，让孩子觉得很丢脸，这样不仅不利于问题的解决，还可能影响亲子关系。所以，掌握正确的沟通方法对于家庭教育至关重要。

避坑："三明治沟通"法

所谓"三明治沟通"法，即冷处理，批评，鼓励。

"三明治沟通"法第一层：冷处理

根据心理学中的超限效应，当孩子犯错时，家长如果过度批评，或者批评的话语冗长乏味，孩子可能会产生抵触情绪，导致沟通效果不佳。所以，首先要进行冷处理。比如，当孩子在公共场合出现不当行为时，家长可以趴在孩子耳边，轻声告诉他应该怎么做，或者只是皱一下眉，给孩子一个暗示，等回到家里再单独进行教育。这样做可以避免在众人面前让孩子难堪，同时也能让孩子感受到家长对他的尊重，为后续的沟通营造良好的氛围。

"三明治沟通"法第二层：批评

从教育学的角度来看，批评孩子时要遵循"对事不对人"的原则。这是因为如果将批评指向孩子本身，容易让孩子觉得自己是个"坏孩子"，从而产生自我否定。例如，当孩子做错事时，家长应该这样说："妈妈要批评你了，这件事你做得不对。"而千万不要这样说："你怎么又做错了？我跟你说了多少遍了，你真是笨死了！"前者是针对具体行为进行批评，后者则是对孩子进行全面否定，会给孩子带来很大的伤害。

"三明治沟通"法第三层：鼓励

心理学研究表明，鼓励和肯定对于孩子的成长具有重要意义。家长在批评孩子之后，及时给予鼓励，就像"打个巴掌，给个甜枣"，能让孩子感受到家长的温暖和包容。比如，在孩子认识到错误并改正后，家长可以给予孩子一个拥抱、一个击掌，或者说一些肯定的话语，如"你做得很好，下次继续加油"等，让孩子知道虽然自己犯了错，但家长依然爱他，并且相信他能够改正错误，这样可以增强孩子的自信心和自我认同感。

牛娃成长记

在一次学校组织的户外实践活动中，老师和家长带着同学们在公园野餐。牛娃吃完香蕉后，随手就把香蕉皮扔到了地上。当时，牛娃妈看到了这一幕，她没有立刻当众批评牛娃，而是走过去，轻轻地在牛娃耳边说："牛娃，香蕉皮这样扔在地上不太好哦，我们把它放到垃圾桶里，好吗？"

等野餐结束后，牛娃妈把牛娃叫到一边，温和地说："牛娃，妈妈要和你说一下，刚才你扔香蕉皮的行为是不对的哦。我们在公园里要爱护环境呀，香蕉皮扔在地上，会影响公园的整洁，还可能让其他小朋友不小心滑倒受伤呢。"

牛娃听了，不好意思地低下了头。这时，牛娃妈又笑着说："不过妈妈知道你肯定是不小心忘记了，妈妈相信你以后一定会注意的，对不对？而且妈妈发现你今天在活动中帮其他同学拿东西，特别热心，这一点非常棒呀！"

牛娃听了妈妈的话，抬起头，眼睛亮晶晶的，用力地点了点头，然后主动把野餐后产生的垃圾都扔到了垃圾桶里。牛娃妈看到后，向牛娃竖起了大拇指，说："你看，你做得多好呀！"

通过这样的"三明治沟通"，牛娃不仅认识到了自己的错误，还感受到了妈妈的关心和鼓励，在之后的活动中表现得更加积极和懂事。

爹娘练个手

孩子在家庭聚会中不注意就餐礼仪，作为家长，您会怎样做呢？

第二坑

强调孩子的缺点

在当下的家庭教育环境中,许多家长容易陷入过度关注孩子缺点的误区。在日常生活里,家长总是不自觉地将目光聚焦于孩子做得不好的地方,频繁地指出孩子的不足,从作业中的错题到生活中的小失误,无一遗漏。长此以往,孩子长期处于被否定的氛围中,逐渐对自己产生怀疑,自信心遭受严重打击,性格可能变得内向、自卑。这种过度强调缺点的教育方式,不仅无法帮助孩子改正错误,反而阻碍了孩子的健康成长。因此,家长掌握科学的鼓励方法,帮助孩子树立自信,是家庭教育的关键所在。

避坑:"三鼓励渐进"法

优秀的家长应该多鼓励、多赞美孩子,让孩子保持自信,变得乐观。所以,家长不妨学习并实践"三鼓励渐进"法:

"一鼓励"：当孩子不自信时,鼓励孩子再努力一点点。

根据心理学中的皮格马利翁效应,积极的期望会促使孩子朝着期望的方向发展。当孩子缺乏自信时,家长应敏锐地捕捉到孩子最微小的进步并给予鼓励。

当足球教练对牛娃妈说牛娃在踢球方面没有天赋的时候,牛娃妈还是想让牛娃坚持下去，她对牛娃说："教练今天表扬你了，说你以前总是错失进球良机，现在你可以把握住机会了。"牛娃听了很开心，每天吃完晚饭的第一件事情就是去球场练习踢球。虽然进步很慢，但是他没有放弃。

由此可见，当孩子不自信的时候，家长的鼓励和认同是帮助孩子重拾信心的重要法宝。

牛娃妈的一句"你只要每天再努力一点点就够了"伴随着牛娃的一生，在一次次跌倒的时候，牛娃总能坚强地站起来。

最终，在一次足球比赛中，因为牛娃的进球，他们的球队取得了胜利。对于孩子来说，鼓励是拼搏的催化剂，它可以激发孩子勇往直前，最终抵达成功的彼岸。

"二鼓励"：当孩子遇到困难时，告诉孩子千万不能放弃。

从教育学角度来看，在孩子成长的过程中，困难与挫折几乎伴随成长始终。所以，当孩子遇到困难想要放弃时，家长一定要及时给予鼓励，帮助他咬牙坚持下来。其实，能够坚持下来的孩子最终都不会太差。因为曾经吃过的苦大多数都能转化成蜜，即便有些没有转化成蜜，曾经吃过的苦也会让孩子看淡未来遇到的难。

聪明的家长都会培养孩子坚持的能力，让孩子在跨越一次次困难中养成不畏困难的性格，永远拥有一股向上的力量。

"三鼓励"：当孩子需要被信任时，及时给予孩子坚定的信任。

在孩子的成长过程中，家长要随时让他感受到信任。就像人本主义心理学所强调的，孩子在被信任、被尊重的环境中才能更好地实现自我价值。无论孩子处于何种情况，家长都要给予充分的信任。孩子就像小树苗，信任就是阳光、雨露，家长要用充沛的养分助力他长成参天大树。

一句"孩子，我们相信你"，会让孩子信心倍增，无论什么时候都能感受到家长的支持。

一流的家长，在孩子没有自信时，会鼓励赞美他；

一流的家长，在孩子遇到困难时，会鼓励支持他；

一流的家长，无论何时何地，都会鼓励鞭策孩子。

有句话说得好：爱孩子是一种本能，鼓励孩子却需要修炼。

家长一定要把这项能力修炼好，奋力托举孩子前进，前进，向前进，让孩子"天天向上"地成长起来。

牛娃成长记

牛娃报名参加了学校社团的机器人编程项目。项目初期，由于编程知识较为复杂，牛娃遇到了诸多难题，代码总是出现错误，机器人也无法按照预期运行。他开始变得沮丧，甚至想要放弃。

牛娃回到家闷闷不乐，牛娃妈察觉到他的情绪变化，询问清楚原因后，她温柔地说："宝贝，你一直在努力调试代码，虽然现在还没成功，但你这种不放弃的精神特别棒。你看，之前你对代码逻辑还不太清晰，现在已经能够自己找出一些错误了，这就是很大的进步。我相信你一定能克服这个困难。"在牛娃妈的鼓励下，牛娃重拾信心，每天放学后都留在社团继续研究机器人编程项目。

随着项目的推进，牛娃又遇到了新的挑战，机器人的硬件部分出现了故障。牛娃再次陷入困境，但他想起妈妈的鼓励，没有轻易放弃。他主动查阅资料，向老师和同学请教，经过多次尝试，终于成功解决了硬件问题，完成了机器人编程项目。在学校的科技成果展示活动中，牛娃的机器人表现出色，赢得了全校师生的赞誉。这次经历不仅让牛娃在编程上取得了进步，更让他养成了面对困难不轻易放弃的良好品质。

爹娘练个手

孩子很重视这次期中考试，但遗憾的是成绩没有达到预期，请问您会怎么办？

第三坑

相信"棍棒"教育

在当今的家庭教育中，许多家长在面对孩子的教育问题时，常常陷入"棍棒"教育的误区。这种教育方式看似能在短期内让孩子顺从，实则隐藏着诸多隐患，严重影响孩子的身心健康和长远发展。儿童心理学研究表明，暴力教育不仅无法培养孩子真正的自律和良好品德，还可能导致孩子出现心理问题。

避坑："堵嘴束手"法

教育专家尹建莉曾说："暴力教育能让孩子变得顺从，不会让孩子变得聪明和懂事；能让他们变得听话，不会让他们变得自觉和上进。"暴力教育只能取得短暂的效果，从长期来看根本无效，所以才会有人说："这孩子打骂过多少次了，就是不听。"此外，暴力教育会使孩子变得自卑、叛逆、有攻击性，甚至形成反社会型人格，还会影响孩子的智力、专注力，使孩子产生学习障碍。基于此，当家长察觉到自己的坏情绪时，最聪明理智的方法就是——管住自己的嘴和手。

当孩子不听话，家长控制不住去打骂孩子时，其实家长用嘴和手"出力",恰恰是因为心中充满了深深的无力感,这种无力感来源于在教育上想不出更好的方法。所有的暴力教育不仅不会使事情变得更好,反而会使事情变得更坏。

亲爱的家长朋友,为人父母是一场修行。一对优秀的父母会用心呵护孩子幼小的心灵,培养孩子的荣誉感和自尊心,而不会打骂孩子。请您记住,想要成为一个优秀的家长,首先要能够管住自己的嘴和手。下面介绍"堵嘴束手"法,该方法要求家长要做到"七不责":

"一不责":对众不责。常常在公众视线下被打骂的孩子,不仅不能反思错误,还容易变得胆小懦弱,对人缺乏信任,产生自卑的心理。

"二不责":愧悔不责。如果孩子已经为自己的过失感到惭愧后悔了,家长就不要打骂孩子了。批评的目的是希望孩子能够反思错误,过度指责会让孩子难以原谅自己。

"三不责":暮夜不责。晚上睡觉前不要打骂孩子。孩子此时遭到责备,带着沮丧失落的情绪上床,要么夜不成寐,要么噩梦连连。睡眠质量直接影响孩子的身体健康和精神状态,长此以往对孩子身心都有伤害。

"四不责":饮食不责。正吃饭的时候不要打骂孩子。这个时候打骂孩子,容易导致孩子食欲不振。

"五不责":欢庆不责。孩子特别高兴的时候不要打骂他。孩子在情绪亢奋时,精神处于外放状态,如果忽然被打骂,会觉得很委屈,与家长之间的沟通也会变得困难。

"六不责":悲忧不责。孩子哭的时候不要打骂他。人在悲伤哭泣的时候,身体能量极低,需要宣泄。家长此刻打骂孩子是雪上加霜的

做法。

"七不责"：疾病不责。孩子生病的时候不要打骂他。生病是人体各项机能最脆弱的时候，此时，家长的关爱和温暖是孩子更需要的，比任何药物都更有疗效。

身为家长，我们要欣赏孩子，呵护孩子，悦纳孩子，解放孩子。这些行为才能给孩子带来快乐成长的多巴胺。请放心，孩子是不怕爱，爱不坏的。

如果做不到这些，那就请学会：我不说，我住手。

牛娃成长记

孩子总有犯错的时候。一次，原计划是牛娃妈带牛娃出去玩，因为牛娃犯错激怒了牛娃妈，冲动让牛娃妈在餐桌上给了牛娃后背一巴掌，还说："能不能行了，这样的错误你也犯，作为惩罚，不带你出去玩了。"一听到这话，本有悔过之心的牛娃，却因这一打一骂，心里觉得非常难过，甚至有些怨恨牛娃妈。牛娃妈也突然明白，打骂牛娃不能解决问题，应该耐心地与牛娃沟通。

此后的日子里，每当孩子犯错，牛娃妈自己情绪即将失控又要动口动手时，她总会想起上一次的冲动。这一巴掌打在孩子身上，更打在自己心里。她先深吸一口气，尽量用温和的语气和牛娃沟通，如果还控制不住自己的情绪，就暂时回避一下当前的问题。如此一来，牛娃不再害怕犯错，学会了及时承认错误，勇于改正错误，变得更加懂事明理。在一次家庭聚会上，牛娃当着亲戚的面说："我的妈妈最厉害，她在我犯错时，教会了我怎面对。"牛娃妈红着眼眶将孩子搂入怀中,这一刻,她更加确信,与孩子共同成长的每一步,都让她和孩子成为更好的自己。

爹娘练个手

观看足球比赛时,孩子发泄情绪的声音有点儿扰民,这个时候,您会怎样做?

第四坑

总说"你怎么这么笨"

在家庭教育中，许多家长常常不自觉地对孩子说出"你怎么这么笨"这样的话。这种长期的否定性语言，会对孩子的心理产生极大的负面影响。根据发展心理学的研究结论，孩子在成长过程中，对自我的认知很大程度上依赖于外界的评价，尤其是家长的评价。长期被否定，孩子会逐渐形成消极的自我概念，进而失去学习的动力和自信心。

避坑："接受缺憾"法

孩子在家长的长期否定下，潜意识里也会自我否定，逐步认同家长对自己的否定，感到自己真的很笨，进而逐渐对学习产生无助感，并因此进入恶性循环之中，变得越来越不自信。

我们都希望自己的孩子是完美的，但我们也知道，人无完人，何况孩子？我们要学会接受孩子不完美的一面。

接受孩子的不完美。当孩子失败的时候，家长改变一下责备的语气，尝试去鼓励孩子，告诉他失利一次也无妨，下次努力就好了，这样孩子的自信心就不会遭受二次打击。从教育心理学的角度看，鼓励性的语言能够激发孩子的内在动力，增强自我效能感，让他相信自己有能力克服困难。

另外，当孩子的问题暴露出来的时候，家长陪同孩子一起反思，协助他发现问题、解决问题，而不是讽刺、挖苦他，要记得孩子小时候的"心脏"没有那么强大，他的抗打击能力是很脆弱的。这符合合作学习和引导式教育的理念。家长通过与孩子一起面对问题，培养他的问题解决能力和思维能力。

牛娃成长记

牛娃在学习上有点儿偏科，英语考试分数不高，于是越来越讨厌学习英语。牛娃妈在学生时代，英语出类拔萃，有好几次牛娃妈打击牛娃的话语已经到了嘴边，却没有说出口。因为她知道孩子不是完美的，责骂打击对孩子学习没有帮助。于是，当孩子在英语学习上取得一点儿小进步时，她就及时给予肯定和表扬，如"你这次单词拼写的正确率提高了，说明你很努力，继续加油！"一段时间后，孩子对学习英语变得不那么抗拒。后来，通过观察，牛娃妈发现牛娃不是理解能力不够，而是学习英语的态度和方法有问题。牛娃妈和牛娃达成了一个"攻坚协议"，牛娃的成绩很快赶了上来，也因此对英语产生了兴趣。

爹娘练个手

孩子兴致勃勃地做了一道菜，不承想却"翻车"了，作为家长您会怎么办？

第五坑

和别人家的孩子比成绩

在孩子的成长过程中，很多家长都有和别人家的孩子比成绩的习惯。这种比较看似是为了激励孩子进步，实际上却可能给孩子带来巨大的心理压力，甚至影响亲子关系。从教育学和心理学的角度看，每个孩子都是独一无二的，他们有自己的特点和发展节奏，盲目比较不利于孩子的身心健康和个性发展。

避坑："掂量自己"法

面对熊孩子，不要"熊"孩子，要先掂量自己。当家长总是称羡"别人家的孩子"，您一定别忘了想一想，您是"别人家的家长"吗？

在孩子的教育问题上，教子贵以身作则。换句话说，要想培养出能力超群、品德高尚的人，家长就要努力成为这样的人，所以不要"熊"孩子，要"熊"就先"熊"自己。

要想成为更好的家长，帮助孩子成长和发展，家长在"掂量自己"时应该做到以下三点：

第一：掂量自己，以身作则

根据社会学习理论，孩子会通过观察和模仿家长的行为来学习和成长。一个积极向上的家长，能够为孩子树立良好的榜样，激发孩子的内在动力。

家长要做出表率，做一个积极进取的人，用良好的家风影响孩子。

第二：掂量自己，心理引导

如果孩子自己特别要强，家长应以正确的心态引导孩子，让孩子把成为更好的自己当作目标。这有助于增强孩子的自我激励能力并形成健康的竞争意识，避免过度比较带来的负面影响。

第三：掂量自己，个性支持

如果孩子在某方面有天赋，家长应支持并鼓励他在这方面深入发展，尊重孩子的个性差异，让孩子能够在自己擅长的领域发挥优势，增强自信心和成就感。

牛娃成长记

牛娃的父母过去总把牛娃跟别人家的孩子比较，用别人家孩子的优点刺激牛娃，希望他奋进。后来，他们意识到这种比较对孩子的成长不利，于是努力改变。他们发现孩子对绘画有浓厚的兴趣，于是鼓励孩子参加绘画兴趣班，并经常表扬孩子的作品。在牛娃父母的支持下，牛娃在绘画方面取得了很大的进步，自信心也得到了极大的提升。同时，牛娃父母也开始注重自身的成长和进步，家庭氛围变得和谐。后来，牛娃这个曾经表现得较差的孩子逐渐展现出自己的特长，成为学校的优秀学生。牛娃的进步并不是通过比较得来的，而是因为他的父母给了他更多的支持和鼓励。最终，牛娃取得了不俗的成绩，牛娃的父母也因为放下比较，看到了孩子的闪光之处。家庭关系更加融洽，牛娃也更加自信快乐了。

爹娘练个手

孩子和一名优秀的篮球运动员一对一比赛，孩子完败，此时您会怎么说？

第六坑

用自己年轻时的经历教育孩子

在家庭教育中，有些家长常常喜欢用自己年轻时的经历来教育孩子，甚至有意美化自己的过往，以此来强调孩子的不足。然而，这种教育方式往往无法达到预期的效果，反而可能增加孩子的心理压力和逆反心理，进而破坏亲子关系。从时代发展和教育心理学的角度来看，不同时代的背景和环境差异很大，家长需要采用更适合当代孩子的教育方法。

避坑："忘记历史"法

忘记历史，好汉莫提当年勇，停止美化过往

家长应避免频繁提及自己年轻时的"辉煌"经历，尤其是当这些经历被用来对比孩子的现状时，孩子更容易将家长的经历视为一种压力，而不是激励。家长应意识到，时代的变化使得孩子与自己的成长环境大不相同，因此，过去的经验未必适用于现在的孩子。家长应放下"当年勇"，转而关注如何帮助孩子在当前环境中成长。

忘记历史，以身作则，展现持续学习的态度

家长应通过实际行动向孩子传递终身学习的理念。根据社会学习理论，孩子会通过观察和模仿家长的行为来形成自己的价值观和行为模式。因此，家长应展现出不断进取、持续学习的状态，而不是停留在过去的成就中。例如，家长可以通过学习新技能、阅读书籍或参与职业发展活动，向孩子展示如何应对现代社会的挑战。

忘记历史，建立平等的亲子沟通，尊重孩子的独特性

家长应避免用过来人的姿态对孩子进行单方面输出，而应建立平等的互动模式。根据人本主义心理学家卡尔·罗杰斯的观点，尊重孩子的独特性并给予无条件的积极关注，能够帮助孩子形成健康的自我概念。家长应通过倾听孩子的想法理解他的困惑，从而提供支持性的建议，而不是简单地用自己过去的经验来评判孩子当下的行为。

牛娃成长记

牛娃爸上学的时候是个学霸，当牛娃在学习上达不到牛娃爸的要求时，牛娃爸有时会扬扬得意地讲起自己小时候的学习"成就"。可是牛娃爸发现，他的讲述不仅没让牛娃更加有动力，反而让牛娃黯然神伤，父子关系也有些疏离，牛娃爸这才意识到自己曾经的"辉煌"并不能激励孩子。之后牛娃爸再也不吹嘘自己的过往，而是开始用实际行动影响孩子。牛娃爸每天坚持阅读专业书籍，积极面对工作中的挑战，并在家庭中分享自己的学习心得和职业成长经历。牛娃逐渐被父亲的学习态度所感染，开始主动规划自己的学习目标，并在学业上取得了显著进步。父子二人的关系也因此变

得更加融洽,牛娃爸的"以身作则"不仅帮助牛娃克服了学习上的困难,也让他明白了持续学习和自我提升的重要性。

爹娘练个手

当孩子的困难学科恰好是您小时候的优势学科,这时您该怎么引导孩子?

第七坑

培养孩子成了唯一目标

在现代社会，许多人在成为家长后，将自己的"父母属性"无限放大，把全部的精力都投入孩子的培养之中，忽视了自己的人生追求和个人发展。这种过度投入不仅会让家长失去自我，还可能对孩子的成长产生负面影响。从教育学和心理学的角度来看，家长的独立性和多样性对于孩子的全面发展至关重要。

避坑："硬核父母"法

很多人做了父母之后，没有了自己的人生目标，对孩子的态度是"我的眼里只有你"。如此一来，家长自我牺牲，过度投入，失去了人生的独立性和生活的多样性。

所以，我们要做"硬核父母"，要拥有自己的人生目标。因为家长的追求和成就不仅有益于个人，更有益于家庭和孩子。

做"硬核父母"，家长要为孩子树立积极的榜样。根据榜样学习理论，孩子会受到父母行为和态度的影响，从而形成自己的价值观和人生态度。家长作为独立的个体，应该努力保持自己对事业、生活的兴趣和激情。拥有崇高人生目标的家长，更有可能在家庭生活中展现出坚忍和积极向上的态度。

做"硬核父母"，家长要让自己的成就对孩子的成长产生深远的影响。独立而有追求的家长，有助于培养孩子的独立性、责任感和积极进取的品质。当孩子看到家长为了实现自己的目标而努力奋斗时，他们也会受到激励，学会对自己的人生负责。

做"硬核父母"，家长还应为孩子提供更广阔的视野。通过追求梦想，家长能够拓展自己的社交圈子，增加见识。家长的社交圈也是孩子未来的资源。家长丰富的人生经历也能为孩子提供更多选择，帮助他们更好地规划自己的人生道路。

总而言之，家长拥有自己的人生目标是必要且有益的。这并不意味着忽视对孩子的关心和教育，而是要求家长在家庭和个体生活中取得平衡。通过追求个人目标，家长能够更好地塑造自己，为孩子树立积极的榜样，为家庭注入更多丰富的活力。因此，培养孩子应成为家长生活的一部分而不是全部，这样反而更有利于孩子的全面成长。

牛娃成长记

牛娃父母的人生目标非常明确，他们致力于自己事业的同时还经常参与社区的服务工作。在牛娃父母的影响下，牛娃总是积极参与学校的义工活动，帮助他人。牛娃父母在追求自己目标的过程中展现出的坚忍的品格和奉献精神，成为牛娃行为的动力源，塑造了他积极向上、责任心强的品格。同时，牛娃父母丰富的人生经历也为牛娃提供了更广阔的视野，让他在面对未来的选择时更加自信和从容。

爹娘练个手

请您为自己设定一个三年发展规划吧。

第八坑

廉价的表扬

在孩子的成长过程中，表扬、鼓励和肯定是促进孩子发展的重要手段。然而，过度频繁或缺乏针对性的表扬可能会因缺乏真诚感、削弱内在动机、降低信任度而失去应有的效果，甚至让孩子对表扬产生麻木感。从教育心理学的角度来看，有效的表扬应该具有针对性、深度、动力和适度性，廉价的表扬毫无价值可言。

避坑："赋能赋翁"法

家长不做廉价表扬的"富翁"，要成为为孩子赋能的"赋翁"。

家长要让表扬成为一种建设性的力量，帮助孩子更好地成长和发展。

表扬要有针对性。根据教育心理学的反馈理论，具体的反馈能够让孩子更清楚地了解自己的长处或短处、优点或不足，从而有针对性地进行加强或改进。家长不要简单地说"你很棒"或"你真聪明"，应该明确说出孩子在哪些方面表现出色。例如，当孩子在学校获得好成绩时，我们可以这样说："你在数学考试中取得了很高的分数，这表明你对数学有着出色的理解和运用能力。"这样有针对性的表扬不仅让孩子知道自己在哪方面取得了成功，而且有助于他们更好地了解并强化自己的优势。

表扬要有深度。有深度的表扬意味着家长要看到孩子的努力、创意和独特之处。表扬不只停留在表面，还要深入孩子取得成就的过程中。当孩子完成一项具有挑战性的任务时，我们可以表扬他们的努力和坚持，如"你在完成这个任务的过程中付出了很多努力，遇到困难也没有放弃，这种精神非常值得称赞。"这样的表扬能够让孩子感受到自己的努力得到了认可，增强他们的自我价值感。

表扬要能产生内在动机。外在的表扬，比如物质奖励，可以满足孩子的虚荣心，虽然在短期内可能会产生效果，但从长远来看，会使孩子对奖励产生依赖。因此，我们的表扬应该侧重激发孩子对学习本身的兴趣和动力，让他们因为热爱学习而努力，而不是仅仅为了得到某种外在奖励。通过关注孩子的内在动机，我们可以培养他们的自主学习能力。

表扬要适度。频繁过度的表扬可能让孩子产生麻木感，使得表扬失去了特殊性，不再具有价值。因此，我们要适度运用表扬，关注时机和方式，使其更加有针对性。适度的表扬可以更好地引导孩子的行为，让他们明白何种行为是值得被表扬的。

让表扬不再成为廉价品，家长需要在日常生活中注意观察和了解孩子，善于发现他们的优点，看到他们的努力，并给予肯定。通过这样的方式，家长才能创造一个积极向上、鼓舞人心的成长环境，让孩子在积极、健康的氛围中茁壮成长。

牛娃成长记

牛娃在绘画方面很有天分，但是牛娃妈在表扬牛娃上比较克制，因为她深知，好孩子虽然是夸出来的，但廉价的赞美达到的效果有时适得其反。

有一次，牛娃拿回家一幅画作，有点儿飘飘然。牛娃妈说："你的这幅画画得很用心，我听你的老师说过，而且你的老师最近也一直念叨你画画进步很大，但是老师也强调了一点，就是在构图以及主次关系的处理上，你还要加强。妈妈为你的进步自豪，也期待着你更大的进步！"牛娃听了妈妈的话后在绘画上更加用心了，这种正向的反馈让牛娃在成长过程中充满自信和动力。

爹娘练个手

孩子在学校的征文比赛中获得了三等奖，您会如何表扬他？

第九坑

替孩子"做梦"

在当今家庭教育中，许多家长习惯于替孩子制定目标，比如考试目标、升学目标。这些目标往往是家长未实现的梦想，而非孩子自己的意愿。根据自我决定理论，当个体感到行为是由外部压力驱动而非源于内在兴趣时，其自主性和积极性会显著降低。家长替孩子"做梦"不仅剥夺了孩子的自主权，还可能导致孩子缺乏内在动力，甚至产生逆反心理。因此，家长需要学会回归现实，尊重孩子的独立性、自主性和选择权。

避坑："回归现实"法

回归现实，降低期待，尊重孩子的独立性。家长应该意识到，孩子是一个独立的个体，而不是实现家长未完成梦想的工具。根据教育心理学中的期望效应，过高的期望会给孩子带来巨大压力，反而影响其表现。家长应降低对孩子的期待，回归现实，帮助孩子制定符合其能力和兴趣的目标，而不是将自己的梦想强加给孩子。

回归现实，引导孩子自我规划，培养内在动机。家长应引导孩子学会自我规划，而不是直接替孩子做决定。根据自我决定理论，内在动机是驱动个体长期坚持和努力的关键因素。家长可以通过提问的方式，帮助孩子思考自己的兴趣、优势和目标，例如："你未来想做什么？""你觉得怎样才能实现这个目标？"通过这种方式，孩子能够逐渐形成自己的目标，并为之努力。

回归现实，家长应以身作则，展示如何面对现实并努力实现自己的目标。根据社会学习理论，孩子通过观察家长的行为来学习如何应对挑战。家长可以与孩子分享自己如何面对失败、调整目标并继续努力的经历，让孩子明白，目标并非一成不变，而是可以根据现实情况进行调整的。

牛娃成长记

有一次牛娃数学考试考了60分，牛娃妈看了，愤怒的"小宇宙"马上爆发了，她忘记自己小的时候也是个数学"学渣"，数学考试也有不及格的时候。牛娃妈大手一挥，为牛娃制定了目标：每次数学考试得考90分。这可让牛娃遭了罪，牛娃肯定有达不到90分的时候呀，怎么办？牛娃就说谎，把7改为9。牛娃妈也不是一般的妈妈，竟然买了测谎仪，虽然只是个玩具不太专业，但可以唬一唬牛娃。这天晚上，牛娃妈严厉地问牛娃到底考了多少分，牛娃说90分，测谎仪震动；她又逼问牛娃，牛娃说80分，测谎仪还在震动；牛娃妈再次严厉地逼问牛娃，牛娃说70分。牛娃妈愤怒地说："我当年考试从来都是第一名！"牛娃灵机一动，反手用测谎仪测试牛娃妈的话，结果测谎仪剧烈震动，揭穿了牛娃妈的谎言。这件事让牛娃妈意识到，自己替孩子制定的目标不仅不切实际，还破坏了亲子关系。

此后，牛娃妈决定改变策略。她不再替牛娃制定目标，而是引导牛娃

自己制定小目标,并逐步完成。例如,牛娃决定下次数学考试争取提高10分,牛娃妈则通过鼓励和支持,帮助他实现这个目标。最终,牛娃不仅成绩有所提升,还逐渐学会了如何为自己设定合理的目标。

爹娘练个手

请您让孩子自己制定个小目标并逐步完成吧。

第十坑

鸡同鸭讲式"尬聊"

在家庭教育中,许多家长发现与孩子的沟通常常陷入"鸡同鸭讲"的尴尬局面。家长试图通过讲道理、提要求来教育孩子,但孩子却往往表现出不耐烦甚至抵触的情绪。根据沟通心理学的研究,有效的沟通需要建立在信任和理解的基础上。而许多家长与孩子的沟通仅停留在表面层次,缺乏深度,达不到共情共鸣。

避坑:"分层沟通"法

很多家长感觉跟自家孩子沟通起来很"尬",如对牛弹琴。对牛弹琴也要"弹",这种"鸡同鸭讲"式的低效沟通往往导致矛盾激化,场面失控。殊不知,沟通也是分层次的。

沟通由浅入深分为五个层次,具体如下:

第一层:打招呼。可以使用一般的社交应酬的模式。如"你好""今天天气真好""你吃过饭了吗"之类的口头语。这一层次的沟通主要起到建立联系和初步交流的作用,是沟通的基础阶段。

第二层:讲事实。讲述客观事实,不发表个人意见,或牵涉人与人之间的关系。在这个层次,双方主要是传递信息,不涉及情感和观点的交流,

是进一步沟通的准备阶段。

第三层：谈想法。双方已建立了信任的情况下，可以互相谈自己的想法。这一层次的沟通已经涉及双方的思维和观点碰撞，有助于增进彼此的理解和认识。

第四层：谈感受。这一层次的交流建立在互相信任的基础上，彼此之间有安全感，愿意说出自己的想法和对各种事件的真实反应。这是一个更深入的沟通层次，能够促进情感的交流和共鸣。

第五层：敞开心扉。这一层次双方是完全信任、完全接纳的关系，在一个人面前可以把自己内心的想法毫无隐瞒地表现出来。我们常说的闺蜜、知己、至交就是这种关系。亲子关系达到这一层次，意味着亲子之间建立了深厚的情感连接。

在实践"分层沟通"法时，家长需要注意以下几点：

了解孩子的沟通状态。观察孩子在不同情境下的沟通表现，判断当前处于哪个沟通层次，以便选择合适的沟通方式。

逐步推进沟通层次。不要急于跨越层次，要在建立信任和理解的基础上，逐步引导孩子进入更深层次的沟通。

尊重孩子的感受和观点。在沟通中，认真倾听孩子的想法和感受，给予他们充分的尊重和回应，增强孩子的沟通意愿。

牛娃成长记

一天下午，牛娃放学回家，进门叫一声："妈，我回来了"，就进了自己的屋子。直到吃饭，牛娃妈叫他，牛娃才上饭桌。吃饭的时候，牛娃妈问一声牛娃答一声，牛娃妈不问，牛娃便不说话。牛娃和牛娃妈的沟通仅停留在"打招呼"和"讲事实"的层次，属于一般性沟通。

在饭桌上，牛娃妈尝试和牛娃讨论学校午餐众口难调问题，他们各自发表看法，虽然双方有争执，但也有互动和交流。这个层次是在"谈想法"的层面。

几天后，牛娃回家后告诉牛娃妈："妈，我今天有些不爽，心里憋闷得厉害。"这说明牛娃愿意把自己的感受跟牛娃妈吐露，牛娃妈和牛娃的关系又深了一层，属于自己人，可以谈真实的感受。

最终，牛娃什么事都愿意跟牛娃妈说，回家就滔滔不绝地告诉牛娃妈今天发生了什么有趣的事情。这种"敞开心扉"的沟通方式，让牛娃妈和牛娃的关系更加亲密，牛娃妈对牛娃教育也变得更加顺畅。

爹娘练个手

请您和孩子聊一聊学习成绩，看看能达到沟通的哪一层。

第十一坑

没目标的家长

孩子的成长旅程中,目标如同明亮的灯塔,指引前行方向。可现实里,不少家长因自身缺乏清晰目标,致使孩子与自己一起在迷茫中徘徊。其实,家长的状态深刻影响着孩子。要改变这一局面,"家长自强"法不失为良策。

避坑:"家长自强"法

很多孩子活在一种完全没目标的生活中,就像没有舵的船,只能在人生的大海上随处漂泊。实际上,这种现象是家庭教育长期缺失目标导向的必然结果。孩子为什么成为现在这个样子,不是因为昨天我们做了什么,而是三年前我们做了什么,五年前我们做了什么,十年前我们做了什么。家长作为孩子的第一任老师和榜样,其行为和态度对孩子的影响极其深远。"父母是孩子的第一任老师。"孩子当前的状态,往往能在家长身上找到影子。

解决这个问题的方法是,"家长当自强"法。

家长当自强,成为学习型家长。

终身学习:树立终身学习的理念,不断汲取新知识、新技能,展现给孩子一个积极向上、勇于探索的人生形象。

榜样作用：通过自己的实际行动，向孩子展示如何通过学习和努力实现个人目标，激发孩子的求知欲和进取心。

家长当自强，更新教育方式。

现代教育理念：学习并应用现代教育理念，如项目式学习、翻转课堂等，鼓励孩子主动探索、自主学习。

目标导向教育：为自己设定短期和长期目标，让孩子看到自己如何分解目标并逐步实现计划。

家长当自强，提升自我修养。

情绪管理：学会有效管理自己的情绪，以平和、理性的态度面对生活中的挑战，为孩子树立情绪管理的榜样。

人生观教育：通过提升自己的认知，引导孩子形成正确的人生观、价值观，让孩子明白人生的意义在于追求和实现自我价值。

牛娃成长记

牛娃妈作为公司总经理，仍坚持设定目标提升自我。她每日五点起床学习 MBA 课程，考取专业证书，同时推进公司绿色转型项目；周末参加行业峰会，在途中完成线上课程；坚持健身与健康管理，连续三年不曾中断；带动团队建立学习小组，将个人目标与企业社会责任结合，完成碳排放削减计划。牛娃受其影响，自主制订学习计划，成绩稳居年级前十。牛娃妈每年更新三项核心目标，用行动证明自律是成长进步的阶梯。

牛娃妈的故事生动展现了"家长自强"法的显著成效。通过成为学习

型家长、更新教育方式、提升自我修养，牛娃妈成了牛娃的榜样。牛娃妈身上的这份精神力量将伴随牛娃一生，成为他走向成功的牢固基石。

爹娘练个手

请您和孩子制定一个需要一起参与、共同实现的家庭小目标。

第十二坑

孩子的分数，家长的晴雨表

在教育孩子的漫漫长路中，不少家长陷入了一个误区却浑然不觉。他们将孩子的分数奉为圭臬，却忽视了孩子成长的其他细节。每次考试成绩公布时，分数高低仿佛成了决定家庭氛围的晴雨表。殊不知，孩子未来的成功并非只系于那一张成绩单。

避坑："高情商"法

"在社会角色中，情商比智商更能预测个体的成就。"这一观点由哈佛大学著名心理学家丹尼尔·戈尔曼在其《情绪智力》（又译作《情感智商》）一书中提出。他强调，在一个人成功的诸多要素中，智商的作用相对有限，而情商则扮演着更为关键的角色。情商的教育来源于家庭、学校、社会实践、专业培训等，而家庭是孩子情商教育的第一课堂。家长的态度、行为以及家庭氛围都会对孩子的情商发展产生深远影响。例如，家长可以通过日常互动教会孩子如何识别、表达和调节自己的情绪，如何理解和尊重他人的感受，以及如何建立良好的人际关系等。

所以作为家长，我们要将对孩子分数的过度关注转移到对高情商的培养上，努力做到：

第一，情绪教育是培养孩子高情商的基石。家长应该帮助孩子认识和了解自己的情绪，鼓励他们表达情感，并提供适当的情绪管理技巧。通过情绪教育，孩子能够更好地认识自己和他人的情绪，从而更好地处理人际关系并应对生活中的挑战。

第二，培养孩子识别和表达自己情绪的能力。家长可以通过游戏、绘画、角色扮演等方式帮助孩子识别和表达自己的情绪，鼓励孩子用言语和肢体表达情感，同时尊重孩子的感受，给孩子创造表达情绪的良好环境。

第三，情绪管理是高情商的核心能力之一。家长可以教给孩子一些情绪管理的技巧，鼓励孩子认识到冲动可能引发的后果，并教导孩子有效地控制情绪，以更理性和成熟的方式应对困难和挫折。

第四，良好的人际关系是高情商的重要体现。家长要帮助孩子培养合作、沟通和解决冲突的技巧，鼓励孩子主动与他人交流，尊重他人的感受，教导孩子建立良好的人际关系。

第五，家长应该注重提升自身的情商。家长通过自己的言行做出示范，孩子会从家长身上观察并模仿。

第六，鼓励孩子进行自我认知，促进自我成长。家长可以鼓励孩子反思自己的情绪和行为，并帮助孩子制订计划改善自己的不足。

牛娃成长记

牛娃最近的考试成绩一直不太理想，慢慢地，注重牛娃学习的牛娃爸开始有些焦虑，心急上火，想训牛娃一顿，让他把精力放在学习上，争取考一个好成绩。但牛娃爸深知情绪控制和情商管理对孩子的人生起着非常重要的作用，他想给牛娃做一个好的榜样。于是，他选择耐心跟牛娃沟通，心平气和地讲述了牛娃这段时间成绩不理想的事实，并坦诚地表达了他作为父亲的焦虑和不安。牛娃爸表现出的态度让牛娃感受到了爱和尊重，于是牛娃跟父亲分享了近期学习成绩不太理想的原因，父子俩对这些问题进行了深入的探讨，研究出解决问题的方向和办法。牛娃很喜欢牛娃爸不带情绪、跟自己共同解决问题的态度，他下定决心，争取在短期内提高成绩。

爹娘练个手

请您及时表扬孩子的努力和进步，而不是仅仅关注结果，培养他们的积极心态。同时，您应以积极乐观的态度面对生活中的挑战，为孩子树立榜样，尝试与孩子分享自己的成功经历，增进亲子关系，传递正面情绪。

第十三坑

要啥给啥，你就应该努力学习

在育儿的过程中，不少家长秉持着"要啥给啥"的态度，满心以为这就是对孩子最真的爱，时刻用"要啥给啥"作为激励孩子好好学习的不二法门。然而，这种做法却悄然埋下了隐患。当物质给予成为亲子间的主导，孩子的内心需求、情感需要往往被忽视，教育的天平也随之失衡。

避坑："需求层次"法

美国心理学家亚伯拉罕·马斯洛将人类的需求划分为不同层次，即生理需求、安全需求、爱与归属的需求、尊重需求和自我实现需求。孩子能够说出来的需求，通常都在需求层次的第一层和第二层，家长所谓的"孩子要啥给啥"，也只满足了低层次的生理需求和安全需求。特别值得注意的是，爱与归属的需求往往难以被孩子直接表达出来，同时，绝大多数家长也不知道如何有效地满足这一需求。而且，一些家长在满足孩子物质需求的同时，不自觉地传递出一个信息："我们所做的一切都是为了让你好好学习。"这种态度容易让孩子觉得，家长的所有付出都是一种"交换"，目的是换取他们的好成绩。这样一来，孩子可能会将学习视为一种外在的负担，而非内在的追求，从而失去了对学习的责任感和内驱力。

为了改善这一现状，我们需要从以下几个方面着手：

第一，增强沟通与理解：家长应主动与孩子进行深入的沟通，了解他们的内心世界，尊重他们的想法和感受，通过倾听和反馈，帮助孩子感受到被理解和被接纳。

第二，培养情感联系：在日常生活中，家长可以通过与孩子一起参与活动、分享经历等方式，建立亲密的情感联系，让孩子明白，他们的存在本身就是对家长最大的回报，爸爸妈妈并非仅仅关注学习成绩。

第三，设定合理期望：家长应明确表达对孩子的期望，但这些期望应建立在孩子自身的能力和兴趣之上，而非仅仅为了满足家长的虚荣心或应对社会压力。同时，家长要鼓励孩子根据自己的兴趣和目标去努力，而不是仅仅为了迎合家长的期望。

第四，鼓励自我实现：当孩子感受到被尊重、被理解和被爱时，他们会更加自信地追求自己的梦想和目标。家长应鼓励孩子勇敢尝试新事物，面对挑战时保持积极态度，从而培养孩子的进取心和自我激励能力。

牛娃成长记

在牛娃小时候，牛娃爸牛娃妈和大多数家长一样，不知道如何理解、认同孩子，只知道送他上最贵的培训班，买最贵的衣服，把最好的玩具给他，还经常对孩子说："我们啥都给你用最好的，你能做的就是通过好好学习来回报我们！"但渐渐地，牛娃爸牛娃妈发现，牛娃对这句话越来越不"感冒"了，有时会跟他们争吵，甚至告诉他们宁愿放弃爸妈提供的优越条件，也不想好好学习，搞得牛娃爸牛娃妈非常头疼。

后来，牛娃爸牛娃妈开始寻求解决之道。他们学习了马斯洛的需求层

次理论，逐渐意识到，牛娃内心深处最渴望的其实是爱与归属感，以及父母的认同与肯定。于是，他们决定彻底改变过去那种"砸钱"的简单粗暴的教育方式，开始更加关注牛娃的情感需求，经常与他进行深入的沟通，倾听他的想法和感受。他们学会了用鼓励的话语代替批评，用肯定的眼神代替冷漠。每当牛娃取得一点儿小进步，无论是学习上的还是生活上的，他们都会及时给予表扬和认可，让牛娃感受到父母对他的爱和支持。

此外，牛娃爸牛娃妈还努力营造一个温馨和谐的家庭氛围，让牛娃在家中感受到归属感和安全感。他们经常一起参与家庭活动，共同面对困难并分享快乐，这让牛娃明白，无论遇到什么挑战，家人都会是他最坚实的后盾。

随着时间的推移，这些改变逐渐在牛娃身上产生了积极的影响。他重新找回了积极向上的心态，对学习也充满了热情。他明白，学习不仅仅是为了回报父母，更是为了实现自己的梦想和价值。如今，牛娃已经成为一个自信、阳光、有担当的少年，而这一切的改变，都得益于牛娃爸牛娃妈对需求层次论的理解和实践。

爹娘练个手

假如您要对孩子进行物质奖励，那么请在奖励之前列个需求层次表吧。

第十四坑

把爱称斤论两明码标价

在亲子关系的构建中，有些家长不经意间踏入了一个误区，将对孩子的爱当作商品，称斤论两，明码标价，以为这样能激励孩子奋进。这种以物质条件或成绩作为爱的交换筹码的做法，严重扭曲了对爱的认识。家长往往将权威和控制作为管理孩子的手段，试图通过压制和约束来塑造孩子的行为。然而，这种做法只能短期奏效，一旦孩子进入青春期，心理能量增强，家长的权威便可能失效，孩子可能会变得更加叛逆，以至于失控。

更糟糕的是，当家长将爱附加条件时，孩子会感受到爱的虚伪和功利，从而失去对爱的信任。他们可能认为，家长爱的只是他们的成绩、名次或听话程度，而非他们本人。这种有条件的爱会让孩子感到被遗弃和不被理解，进而产生心理创伤，会对孩子的成长产生非常深远的反向影响。

避坑："真爱"法

为了避免上述问题，家长应采取"真爱"法来建立健康的亲子关系。

第一，无条件的爱：家长应该给予孩子无条件的爱，无论孩子的成绩如何，都应给予他们关爱和支持。成绩好的孩子需要鼓励，成绩不好的孩子更需要心理支持和帮助。家长应该让孩子明白，他们的价值并不取决于成绩或名次，而是取决于他们作为人的独特性。

第二，尊重孩子的选择：真爱的核心是尊重孩子的自由选择，而非强迫他们言听计从。家长应该鼓励孩子表达自己的观点和想法，尊重他们的选择和决定，通过给予孩子适当的自主权，可以培养他们的独立思考能力和责任感。

第三，建立良好的沟通：家长应与孩子建立开放、坦诚的沟通渠道，倾听孩子的想法和感受。通过有效的沟通，家长可以更好地了解孩子的需求和困惑，为孩子提供有针对性的帮助和支持。

第四，培养优秀品格：除了学习成绩外，家长还应注重培养孩子的良好品格，如关心他人、独立自主、懂规矩、坚韧不拔等。这些品格将帮助孩子在未来的人生道路上走得更远、更轻松。

牛娃成长记

周五牛娃放学后，跟牛娃妈说："妈妈，小明因为考了全班第一，他爸爸奖励了他一台平板电脑，我也想有一台自己的平板电脑，这样我就能用它查找很多信息，扩充我的知识量，可是我这次没有考好，您会给我买吗？"

牛娃妈回答说："娃啊，你是妈妈的儿子，妈妈爱的是你，不是你的成绩，况且妈妈看到了你的努力，成绩的好坏不代表什么，学习过程中能力的培养和习惯的养成,要远远大于最后的成绩!至于平板电脑,只要学习用得上,妈妈就给你买!"

爹娘练个手

孩子考试成绩进步很大,他的愿望已经由原来约定的一个乐高升级成一台平板电脑,您会怎么做?

第十五坑

教育孩子的观点不一致

在孩子的成长过程中，家庭教育至关重要。然而，不少家庭却面临着一个棘手难题：夫妻双方教育孩子的观点要么南辕北辙，要么针尖对麦芒，家庭氛围自然如"火星撞地球"般激烈。这种分歧看似平常，实则潜藏暗礁，稍不留意就可能让孩子成长的航船偏离正轨。

避坑："统一战线"法

这个世界没有完全一样的两个人，夫妻也是如此。每个人都有自己独一无二的原生家庭、成长环境、经历体验，形成了自己独一无二的人生观和价值观。所以夫妻双方在教育孩子的事情上看法不同、方法不同是很正常的，但目的一定是相同的，那就是把孩子教育好。

当夫妻的教育见解不一致时，双方容易发生争执，甚至争吵，使家庭氛围不和谐。夫妻间的这种争执不仅影响到他们之间的关系，还可能对孩子的心理健康产生深远影响。胆怯、内向的孩子可能会因此感到忐忑不安，为了避免再次引发父母的争执，他可能会变得过分小心谨慎，甚至在日常生活中隐藏自己的真实性格。这种长期的心理压力可能导致孩子的心理健康受损。而对于那些能量较足、性格较为外向的孩子，他们可能会采取更为极端的方式，如离家出走等，以试图打破这种家庭的不平衡状态，吸引父母的注意力。

夫妻在孩子的教育上，要建立"统一战线"，要真正认识婚姻的意义和价值。"我＋你＝我们"，当"我们"大于"我"，"我们"也大于"你"时，"我们"才能完成夫妻的共同的目标。婚姻的意义在于相互扶持，相互守护，相互照顾，相互安慰。婚姻中最重要的工作是建立家庭共识，共同承担家庭的责任，一起面对生活中的困难和挑战，一起成长，共同创造幸福生活。具体措施如下：

第一，增进沟通与理解：如定期召开家庭会议、建立有效的沟通机制、共同制定教育目标。

第二，寻求共识与妥协：夫妻如在教育见解上存在分歧，应努力寻找双方都能接受的共同点。双方应学会妥协，妥协不是放弃，而是为了达成更大的共识与和谐。

第三，寻求专业支持：参加育儿讲座或课程、咨询育儿专家。

第四，维护家庭和谐氛围：保持积极心态、共同承担育儿责任，双方通过共同参与孩子的教育和成长过程，增进彼此的理解和信任。

第五，尊重孩子的意愿和选择：鼓励孩子表达自己的观点和想法，尊重他们的意愿和选择，培养孩子的自主性和独立思考能力，让孩子学会自己做决定。

在教育孩子的问题上，夫妻是一个战壕里的战友，必须建立"统一战线"，共同为孩子的健康成长和未来发展保驾护航。其实，教育孩子的过程也是夫妻双方共同成长和学习的过程。

牛娃成长记

由于牛娃爸牛娃妈成长经历和环境的不同，关于牛娃的教育，他们的观点和做法上有很多不同。牛娃爸对牛娃的要求较高，希望孩子能够再优秀一些，总是要求牛娃的考试成绩再好一点儿；而牛娃妈的要求很简单，只要牛娃快乐健康就好，对他的学习成绩不太在意，只要将来有一技之长就好。牛娃爸牛娃妈经常因为意见不统一而争执，牛娃也因此十分困惑。

幸好牛娃爸牛娃妈及时发现了他们意见不统一对孩子造成的不良影响，他们冷静下来，认真思考在孩子的教育上要达到的目的、需要用到的方法，以及如何判断方法是否能达到预期的目标。为此，他们总结了以下几个标准：

第一，教育之后，孩子的情绪是更好了，还是更糟了？情绪的好坏直接决定孩子学习效率的高低。

第二，教育之后，与孩子的关系是更融洽了，还是更疏远了？在任何人际沟通中，没有好的关系，就很难通过沟通解决问题。

第三，孩子从教育中得到成长了吗？如果教育之后，孩子从中学习到了怎样去应对人、事、物的方法，有了领悟，就表明方法是有效的。

第四，解决方式是不是建设性的？建设性的解决方式着眼于将来怎么办，而发泄情绪的方式着眼于事情为什么会发生。能在将来的人生中避免发生同样的问题，才是好的解决方式。

随着时间的推移，牛娃在爸妈的共同努力下，不仅学习成绩稳步提升，更重要的是，变得更加自信、开朗，学会了如何与人相处，以及如何在面对挑战时保持冷静和乐观。牛娃爸牛娃妈也深感欣慰，他们意识到，真正的教育不仅仅是知识的传授，更是品格的塑造和情感的滋养。

最终，牛娃在和谐的家庭氛围中茁壮成长，成了一个有才华、知感恩、懂得爱的优秀青少年。而牛娃爸牛娃妈也通过这段经历，更加深刻地理解了教育的真谛，他们的关系也因此变得更加和谐。

爹娘练个手

"你就这样护着孩子吧，这孩子我以后不管了，你自己管好了。"当您的另一半这么说时，您该怎么办呢？

第十六坑

常在孩子面前吵架

家庭本应是孩子心灵的避风港，父母应守护孩子的心灵，为他们阻挡风浪，给予无尽的宁静与温暖。但倘若父母常在孩子面前吵架，这片港湾便会狂风骤起，波涛汹涌；孩子的心灵便会遭到风吹雨打。这些争吵看似只是夫妻间的小矛盾、小碰撞，实则对孩子则是大惊扰、大伤害，对孩子的成长产生着难以估量的负面影响，悄然改变着他们的性格与未来走向。

避坑："控制情绪"法

家，被描绘为心灵的憩所，是孩子可以依靠的、安全的、温暖的、轻松的、幸福的场所。良好的夫妻关系会让孩子具备足够的安全感。一个有安全感的人，才能有足够的自信应对外面的世界。夫妻经常吵架的家庭，孩子通常会表现出缺乏安全感、自卑、没有学习欲望、没有动力等状态。

德国著名心理学家伯特·海灵格曾经说过："孩子是家庭的保护神。"当父母关系出现问题时，尤其是其中一方拉孩子做同盟军时，很多孩子会做出一些自我牺牲的事情，希望父母把注意力转移到他的身上以拯救父母的关系。那么当夫妻吵架时，孩子为了平衡父母的关系而做出一些举动时，父母该怎样对待呢？父母应理解并接受孩子的善意，同时也应告诉孩子：

"我们会努力解决,要相信我们,你的牺牲行为对我们解决问题并没有帮助。"这样一来,孩子既得到了父母的理解,同时又明白他的牺牲行为是错误的。

伯特·海灵格还曾指出:"健康的家庭宛如平地,孩子会成长为挺拔的大树;而有问题的家庭宛如悬崖,孩子为了保持家庭的平衡,会成长为奇形怪状的树。"父母常在孩子面前吵架带给孩子更大的恶果是,长大以后,孩子自己的夫妻关系也不会和谐。心理学研究表明,多数孩子会重复父母的互动模式。

父母要学会有效的情绪控制方法,及时控制局面,让家成为我们所期待的家:

第一,深呼吸与冷静思考:在吵架即将开始时,双方都应尝试做几次深呼吸,让自己冷静下来,思考吵架的真正原因,以及是否值得为此破坏家庭氛围。

第二,设立"冷静期":约定在情绪激动时暂时分开,各自冷静一段时间。这有助于避免情绪失控下的言语伤害。

第三,积极沟通:学会用平和、尊重的语气表达自己的观点和感受,倾听对方的意见,寻求共识和解决方案。

第四,寻求外部支持:当夫妻间的争吵难以停歇时,双方可以寻求亲友、心理咨询师等外部力量的帮助。他们可以提供中立的观点和建议,帮助双方找到解决问题的方法。

第五,培养共同兴趣:共同参与一些活动或兴趣小组,增进夫妻间的感情和默契。共同的兴趣可以成为缓解紧张氛围的有效手段。

第六,为孩子树立榜样:时刻牢记自己是孩子的榜样。父母通过积极、

健康的沟通方式，向孩子展示如何处理冲突和分歧，教会他们如何以成熟、理性的态度面对问题。

牛娃成长记

有一段时间，由于工作压力太大，牛娃爸常常在孩子面前跟牛娃妈吵架，对正在经历青春期的牛娃产生了不良的影响。牛娃上课经常感到乏力、紧张、焦虑，难以集中注意力，与老师和同学的关系也受到了影响。老师一度怀疑他得了社交障碍症，后来和牛娃爸沟通后才知道真正的原因。

老师告诉牛娃爸："父母吵架可能使孩子产生自责和内疚的情感，认为自己是家庭矛盾的原因。这种心理负担可能导致青春期孩子的自尊心下降，产生抑郁情绪，甚至影响他未来的人际关系。"

为解决这一问题，牛娃的父母决定共同努力，避免在孩子面前发生激烈的争吵。他们寻求心理咨询，学习有效的沟通技巧，以理性和成熟的方式解决矛盾。同时，夫妻双方积极参与到孩子的学习和生活中，建立亲密关系，让牛娃感受到家庭的温暖，有效缓解了牛娃因家庭矛盾而产生的负面情绪。

爹娘练个手

丈夫（妻子）当着孩子的面言辞激烈地发表意见，您会怎么做？

第十七坑

单亲补偿心理

在家庭关系的复杂拼图中，单亲家庭是独特的一块。当婚姻走到尽头，家庭结构随之改变，家长的心态与应对方式，对孩子的成长影响深远。有些家长陷入补偿心理的陷阱，却未意识到这可能给孩子带来意想不到的伤害。这样的家长在潜意识里，把孩子当成受害者。当孩子感受到这一点时，有的孩子会把自己放在"债主"的位置，理所当然地向家长索取无度，甚至要挟家长。这样的孩子心理其实还停留在弱小无助的状态，不让自己成长。有的孩子则变得自卑、胆怯，用一切方法向别人隐瞒父母离婚的事实，过度敏感，把所有的能量都用在自我保护上，学业自然无暇顾及。

还有一种情况，就是那些不与孩子生活在一起的家长，见到孩子的一些不良习惯不忍心说，睁一只眼闭一只眼，不自觉地纵容孩子。那些分手时闹得水火不容的夫妻，虽然分开了，但对对方的恨一点儿也没有减轻，没有机会再和对方相处，就把孩子当作人质。对方希望孩子往东，他就一定要让孩子往西；对方希望孩子不玩手机，他就纵容孩子玩手机。这种儿戏似的发泄情绪完全不是一个心智成熟的成年人的行为，这样的做法也导致孩子成了发泄仇恨的牺牲品。

避坑："爱是 +"法

当夫妻不再相爱时，最好的方法是友好地分手，同时把对孩子的伤害降到最小。单亲不是问题，问题是怎样看待单亲。"爱是 +"法，意味着在单亲家庭中增加理解、尊重、沟通和支持。一些家长心态积极阳光、乐观向上，把自己的生活过得很精彩，一举一动都能成为孩子的榜样。孩子虽然在单亲家庭里长大，但没有受到伤害，甚至比一些关系疏离紧张的双亲家庭里出来的孩子心理更健康，在社会上更有作为。

"爱是 +"法举措：

第一，创造愉快的家庭氛围

展现积极乐观的心态：单亲孩子的家长应以身作则，保持乐观向上的生活态度，为孩子树立榜样。

促进亲子互动：通过共同参与活动、游戏等方式，加强与孩子的互动，增进亲子关系。

第二，培养责任感与独立性

引导孩子承担责任：鼓励孩子参与家务，做自己力所能及的事情，培养孩子的责任感和独立性。

教会处理问题的方法：引导孩子学会独立思考和解决问题的能力，培养孩子的自主学习和生活能力。

第三，提供人际交往机会

创设人际交往环境：让孩子多接触社会，参加各种社交活动，培养社交技能和团队合作精神。

鼓励交友：支持孩子结交不同年龄的朋友，拓宽视野和社交圈子。

第四，关注心理健康

倾听心声：经常与孩子沟通，倾听他们的想法和感受，及时发现并解决心理问题。

建立自信：帮助孩子建立自信心，学会正确面对挑战和困难，培养心理韧性。

第五，平衡爱与期望

给予足够的爱：让孩子感受到家长的爱与关怀，满足情感需求。

设定合理期望：根据孩子的实际情况和能力，设定合理的期望和目标，鼓励孩子努力追求。

第六，家长自我成长

保持积极心态：家长应保持乐观、坚强的心态，积极面对生活中的挑战。

不断提升自我：通过学习、工作等方式，不断提升自己的能力和素质，为孩子树立更好的榜样。

牛娃成长记

在牛娃所在的班级里，有一个男孩，他以卓越的成绩、积极向上的态度和乐于助人的性格成为众人瞩目的焦点。牛娃妈对男孩的出色表现感到十分好奇，决定向他的妈妈取经，探讨教育孩子的方法。

在一次家长会上，牛娃妈找到了与男孩妈妈交谈的机会。经过一番深入的交流，牛娃妈惊讶地得知，她是一位单亲妈妈，独自抚养孩子长大。然而，她的坚强与乐观，以及对孩子独特的教育方式，让牛娃妈深受启发。

男孩妈妈告诉牛娃妈，尽管她作为单亲妈妈面临着诸多挑战，但她始终坚信，单亲家庭同样能够培养出优秀的孩子。为了孩子的健康成长，她

特别注意维护孩子父亲的正面印象。虽然孩子的父亲因为各种原因未能陪伴在他身边，但她从未在孩子面前说过父亲的坏话。相反，她总是以充满爱意和敬意的口吻，向孩子讲述父亲的各种优秀品质：他的智慧、勇敢、善良等，告诉孩子他的父亲是一个值得他骄傲和学习的榜样。她鼓励孩子去模仿父亲的优点，努力成为一个像父亲一样优秀的人。在这样的引导下，孩子从小就对父亲怀有敬意，同时也将父亲作为自己成长道路上的榜样。

为了践行这一教育理念，男孩妈妈还会在日常生活中寻找机会，让孩子体验与父亲相似的角色和责任。比如，她会鼓励孩子参与家务劳动，培养他的责任感和自理能力；还会在孩子遇到困难时，引导他像父亲一样勇敢地面对挑战，寻找解决问题的方法。

在她的精心养育下，孩子逐渐成长为一个自信、独立、优秀的男孩。他不仅学业成绩优异，还擅长多种才艺，更重要的是，他拥有了一颗善良、勇敢和乐于助人的心。男孩妈妈的故事在牛娃的班级里传为佳话，成为单亲家庭教育成功的典范。

牛娃妈从男孩妈妈的教育经验中明白单亲并非孩子成长的障碍，只要家长能够以积极的态度面对生活，用爱和智慧引导孩子，同样能够培养出优秀而幸福的孩子。

爹娘练个手

如果您是一位单亲孩子的家长，试着跟孩子进行一次敞开心扉的沟通，让孩子更了解您的另一半，并从对方身上受到启发和触动。

第十八坑

隔代教育隔代亲

在现代社会快节奏的浪潮下，家庭结构与育儿模式悄然发生着变化。隔代教育，这一因生活压力催生的现象，正日益普遍。祖辈们带着深厚的爱介入孙辈的成长，可随之而来的教育理念碰撞，让不少家庭陷入两难。如何化解矛盾，让隔代教育发挥正向作用？这需要祖辈与父母双方秉持开放包容的态度，相互理解、积极沟通，共同遵循科学合理的"五项原则"，为孩子营造一个充满爱与智慧的成长环境，助力孩子在人生道路上稳健前行。

避坑："五项原则"

教育孩子是家长的一项重要的任务，使命光荣，责任重大。但是在当前紧张的生活节奏下，家长既要教育子女又要投身工作，难免有兼顾不到位的情况，于是就有了三代同堂、隔代教育的情形。由老人照顾孩子的学习生活，孩子的父母负责挣钱养家。在这样的权宜之计下，新的问题随之产生，老人至少有二三十年没有教育过儿童，并且他们的教育对象也不是自己生养的子女，在孩子的教育问题上有时会与孩子父母产生分歧，难免"火星撞地球"。那么隔代教育到底应该怎么办呢？隔代教育的"五项原

则"如下：

原则一：尊重每个家庭成员的个性和观点，营造和谐的家庭氛围，和而不同，求同存异，寻找两代人在教育上的同频共振，从而更好地教育孩子。

原则二：建立家庭成员共同遵守的家庭法则，让孩子明确感受到家庭成员之间的一致性。

原则三：鼓励家庭成员之间相互沟通和倾听。这不仅可以帮助家庭成员了解彼此的想法和感受，还可以帮助孩子学会如何有效地与他人沟通和表达自己。

原则四：利用多成员家庭的优势，大家各司其职，为孩子创造一个积极有序的学习环境。

原则五：鼓励家庭成员参与孩子的教育，开展全员、全程、全方位的"三全"育人模式。建立家庭会议制，共同讨论孩子的教育问题，群策群力解决问题。

牛娃成长记

在牛娃家里，祖父母和牛娃爸牛娃妈对牛娃的教育方式很难达成一致。牛娃的爷爷认为自己把牛娃爸培养得相当出色，因此，他认为把相同的教育方法用在牛娃身上一定好使。军人出身的爷爷笃定地相信"棍棒底下出孝子"的教育信条，强调纪律和规矩。牛娃爸从小深受这种教育方法的"洗礼"，不希望牛娃接受这种严厉的教育方式，更倾向于采用现代教育理念，注重培养牛娃的创造力和自主性。这种差异导致了家庭的氛围变得紧张，也使牛娃陷入矛盾中。

为了解决这个问题，祖父母和牛娃爸牛娃妈坐下来一起开了家庭会议，诚恳地表达了各自的观点和期望，并一起制定了一个既尊重传统价值观又符合现代理念的教育方案，从此牛娃家又恢复了往日的温馨。

爹娘练个手

当您管教孩子时，长辈阻拦怎么办？

第十九坑

作业一来鸡飞狗跳

夜幕降临，本应是家庭温馨静谧的时光，可不少家庭却因孩子写作业闹得鸡飞狗跳，战火纷飞。书桌前，家长眉头紧皱、怒目圆睁，孩子则战战兢兢、满心委屈。"作业"这座大山，压得亲子关系摇摇欲坠。究竟怎样才能打破这一困局，实现和谐陪伴呢？

避坑：和谐陪伴三味良方

在陪伴孩子写作业的过程中，家长轻则打骂孩子，导致家里鸡犬不宁；重则胸闷气短，发病住院。种种例子屡见不鲜。究其原因，是家长从成人的角度对孩子设定的要求与孩子的身心特点有很大差距。家长认为理所应当的"认真写""快点儿写""讲一遍就会"，到了孩子那里却常常表现为"溜号""磨蹭""咋讲都不会"。这个时候，一味地暴怒，吼叫，打骂，除了两败俱伤，基本于事无补。面对这种情况，到底应该怎么办呢？别发愁，您有症结咱有药，我们称之为"和谐陪伴三味良方"：

良方一：深度理解与心理支持。家长应认识到每个孩子的学习节奏、注意力和理解能力都是不同的，不能盲目从成人视角设定要求。耐心倾听孩子的想法和感受，尝试站在孩子的角度理解他的困惑和挑战，给予情感上的支持和共鸣。家长通过日常的关爱和陪伴，建立与孩子之间的信任感，让孩子知道在遇到困难时可以依靠家长；与孩子平等对话，避免命令式语气，尊重孩子的意见和想法；与孩子一起制订学习计划，明确作业目标和时间安排，让孩子参与到决策过程中，增强他们的主动性和责任感；根据孩子的实际情况和学习进度，灵活调整作业要求和期望，避免给孩子带来过大的压力。

良方二：自我调整与榜样作用。家长在陪伴孩子写作业时，应保持冷静和耐心，避免情绪失控和过度干涉，不要说狠话。您不妨这么说："我知道，咱们两个现在情绪都不好，我们换个时间来讨论。你可以不写作业，我也可以不督促你，彼此冷静一下。"家长自身应展现出良好的学习习惯和态度，为孩子树立榜样，通过自身的行为影响孩子，同时，不断学习新的教育理念和方法，以适应孩子不断成长变化的需求。

良方三：合理引导与习惯养成。家长根据作业的难度和数量，为孩子设定一个相对宽松的完成时间，避免孩子因时间紧迫而产生焦虑，同时，引导孩子养成定时复习、预习、整理错题等良好的学习习惯，提高学习效率。家长要学会适当放手，让孩子自己安排学习时间和进度，培养他的自主性和独立性。此外，家长可以建立合理的奖惩机制，对孩子按时完成作业、学习进步等行为给予奖励，对拖拉、磨蹭等行为进行适当惩罚，但须注意奖惩要适度且公正。

家长要充分了解和尊重孩子的身心特点，在一种和谐的氛围里，循序渐进地帮助孩子养成良好的学习品质和学习习惯。

牛娃成长记

牛娃在一次测验中 10 道题错了 2 道，牛娃妈看了牛娃错的 2 道题，顿时火冒三丈："这种题练了几遍了还错！做题用心了吗？"要强的牛娃本来心情就不好，又被劈头盖脸地骂了一顿，虽然没说啥，但沮丧得要命。牛娃妈让他再测验一次，牛娃委屈得要命，差点儿就哭了出来。牛娃妈看到牛娃的情绪很心疼，同时也反思自己：如果我能反过来问牛娃，为什么做对了 8 道题目呢？你是怎么记住老师教的这些题的呢？当牛娃受到这样鼓励的时候，再告诉牛娃，你这 2 道题做错了，可以尝试着去改正。这种方式会不会更好一点儿？

爹娘练个手

今天放学回来孩子不太高兴，写作业时也慢吞吞的，您该怎么办？

第二十坑

铁路警察各管一段

在孩子成长的征途上,教育是一场漫长且关键的接力赛。然而,部分家长却错误地认为,将孩子送进学校与补习班,自己便能置身事外。这种"铁路警察各管一段"的片面观念,正严重阻碍着孩子的全面发展。实际上,家庭、学校、社会须协同发力,方能全面为孩子的成长保驾护航。

避坑:"协同育人"法

如何才能做好家庭、学校、社会协同育人呢?

路径一:共筑统一教育理念。构建一个共享的教育价值观体系,要求家长、教师以及社会各界充分认识到教育是一个系统工程,需要各方面力量的紧密配合,共同为学生的健康成长和全面发展提供有力保障。这不仅有助于提升学生的学业成绩,更能促进其全面发展,成为具有社会责任感和创新精神的新时代人才。

路径二:信息共享。家庭、学校和社会应积极开展信息共享,加强彼此之间的联系。家长应主动向学校反映学生的情况。

路径三:活动互补。家庭、学校和社会应发挥各自优势,开展互补性活动,以满足学生的多元化需求。

路径四：责任共担。家庭、学校和社会应共同承担教育责任，确保学生的健康成长。家长应积极参与学生的学习和生活，为学生提供必要的支持和指导。

总之，孩子的教育不只是学校和社会的事，而是家庭、学校和社会的共同责任。家庭是帆，学校是桨，社会是浪，只有三方形成亲密无间的合力，才能推动孩子的航船驶向成功的远方。

牛娃成长记

在初二家长会上，班主任让牛娃爸分享培养牛娃的经验。牛娃爸想了想说："在牛娃的成长中，我们还真有一点儿经验，那就是我们做到了四个坚持。这四个坚持是，一坚持与老师的常态化沟通，二坚持请老师到家里家访，三坚持夫妻轮流参加家长会，四坚持参加学校和社区联合开展的家庭教育课堂。做到四个坚持，孩子的成长便水到渠成。"

爹娘练个手

孩子在家里对手机有了依赖，从协同育人的角度思考，您该怎么做？

第二十一坑

自己"躺平",让"弹"飞

在孩子的成长旅程中,家长扮演着无可替代的重要角色。他们宛如孩子成长路上的引航灯,一举一动都深刻影响着孩子的未来走向。在现实中,有些家长自己过着"躺平"的生活,却对孩子的奋进抱有极高期望,这种错位的教育方式,又怎能助力孩子茁壮成长呢?

我们常说,父母是孩子的第一任教师,也是他们成长道路上最直接的模仿对象。在日复一日的相处中,我们的言行举止、生活态度,都会在潜移默化中塑造孩子的价值观。当今社会,"躺平"文化悄然兴起,部分家长因压力、挫败感或其他原因,选择了消极避世、不思进取的生活态度。然而,当我们自己沉浸于"躺平"的安逸中,甚至展现出低级趣味时,却要求孩子积极向上、追求卓越,这无疑是一种矛盾与悖论,难以让孩子真心信服并效仿。家长的消极态度容易传递给孩子,导致孩子缺乏动力、目标不明确,甚至产生自卑、依赖等不良心理,从而使得家庭教育难以发挥应有的作用,孩子的全面发展受到阻碍。

避坑："以己为镜"法

如果您想做好孩子的榜样，请听听我给您的"八项注意"：

第一项，注意自我反思与调整。家长应首先审视自己的生活态度，明确"躺平"带来的负面影响，积极寻求改变，树立积极向上的人生观。

第二项，注意尊重他人。家长应尊重长辈、老师、朋友等，不随意打断别人说话或对别人不礼貌。孩子会模仿这种行为，要学会尊重他人。

第三项，注意热爱学习。家长应该热爱学习，经常读书、看报或学习新技能。这将激发孩子的学习兴趣和好奇心。

第四项，注意积极乐观。家长应保持积极乐观的心态，面对困难和挫折时保持冷静和乐观的态度。这将影响孩子的人生态度。

第五项，注意健康生活。家长应该保持良好的生活习惯，如规律作息、健康饮食、适量运动等。这将有助于孩子养成健康的生活习惯。

第六项，注意家庭氛围。良好的家庭氛围对孩子的成长至关重要。家长应营造和谐、温暖、积极的家庭氛围。在充满关爱和欢乐的家庭中长大，孩子会感到安全和幸福，变得乐观、开朗、自信。

第七项，注意责任担当。小到家庭责任、工作责任，大到社会责任、国家责任，家长要常常让孩子感受到你的责任感。这将帮助孩子树立责任心和使命感。

第八项，注意良好品质的培养。家长应该具备善良和关爱之心，关心他人，乐于助人。这将引导孩子学会关爱他人。

总之，家长应该以身作则，让孩子通过家长的言传身教，树立正确的世界观、人生观、价值观，形成良好的道德品行，养成正确的行为习惯。

牛娃成长记

牛娃有一段时间不爱学习，考试成绩也不好，牛娃爸很头疼，于是跑去问教育专家："老师，我的孩子学习不积极，不主动，作业催一催才动一动，一旦写完作业，别想让他多看一眼课外书，您说怎么办？"

老师沉吟一下，问了他一个问题："你用过复印机吗？"牛娃爸想了想："用过啊，可这和我的问题有什么关系？"老师继续问："今天我给你一份文稿，让你复印，可你交来的复印件有好多处错误，你说怎么办呢？"牛娃爸挠了挠脑袋，想了想，回答道："不对啊，复印件怎么会错呢？它应该和原件是一模一样的啊，一定是原件错了。"老师答："对了，你和你妻子就是原件，家庭就是复印机，你的孩子就是复印件啊，一模一样的啊！你的孩子不爱学习，现在该怎么办？"牛娃爸不好意思地说："我回家改原件吧！"

爹娘练个手

假设您躺在沙发上玩手机，大声告诉卧室里的孩子："别玩平板电脑了，看会儿书去！"孩子说："你都不看书，我也不看。"这时您该怎么办？

第二十二坑

小树应该自己长

教育孩子，犹如培育幼苗，是一场充满智慧与耐心的修行。当下，有些家长对孩子过度宠溺，事事代劳；而有些家长却走向另一个极端，奉行"小树应该自己长"的理念，对孩子放任不管。殊不知，这两种方式都偏离了正确轨道。孩子成长之路，究竟该如何科学引导，才能让其茁壮成长呢？

避坑："护林员"法

怎么才能做好一个合格的"护林员"呢？可以给孩子定下"三大纪律"：

纪律一：做好时间管理。家长应帮助孩子建立规律的作息时间，保证充足的睡眠和规律的饮食，这有助于孩子的身体健康和心理发展。要教会孩子如何管理学习时间，制订计划，合理安排学习和娱乐时间，这样才能提高孩子的学习效率，也能让孩子更好地管理自己的学习生活。

纪律二：做好习惯管理。要养成阅读习惯，每天安排阅读时间，与孩子一起读书或讲故事；要养成卫生习惯，要求孩子必须早晚刷牙洗漱，饭前便后都要洗手，自己的小件衣物自己洗；要养成生活习惯，懂得尊老爱幼，待人接物文明有礼，讲求勤俭节约，同情帮助弱者；要养成运动习惯，鼓励孩子参加体育运动或健身活动，锻炼强健体魄。

纪律三：做好情绪管理。要会表达情绪，家长应鼓励孩子用语言或非语言的方式表达自己的情绪，如说出自己的感受、绘画或与玩具互动等；要会控制情绪，家长可以教孩子一些控制情绪的技巧，如深呼吸、数数或寻找安静的地方放松等；要会转化情绪，家长可以通过与孩子一起探索不同的思维方式，帮助他认识问题的不同方面，从而培养他的积极心态和乐观情绪；要会理解他人的情绪，家长可以通过角色扮演和模拟情境等方式，让孩子学会站在他人的角度思考问题，增强他的同理心和共情能力。

总之，家长一定要做好孩子成长中的"护林员"，通过科学合理的引导和规范，帮助孩子养成良好的习惯，为其未来的成长和发展打下坚实的基础。

牛娃成长记

牛娃是一个性子比较慢的孩子。刚上小学时，每天早晨起床都会特别拖拉，吃饭、洗漱、穿衣无一不慢。牛娃爸牛娃妈无论是耐心哄劝还是吼叫、责骂，牛娃都无动于衷，依然慢得像头老牛。但是他们也发现，牛娃每天放学写作业很快，因为他着急下楼和同学玩。于是，牛娃爸牛娃妈给牛娃规定了早晨洗漱、吃饭、穿衣服的时间，超过多少时间，就从下楼玩的时间里扣除，提前多少时间就延长到下楼玩的时间里。牛娃第二天迷迷瞪瞪起来，并没有把约定当回事，但是当晚上吃完饭牛娃兴冲冲地跑来让牛娃爸牛娃妈带他下楼时，牛娃爸告诉他："因为你早上比规定时间拖拉了29分钟，所以今天要晚下楼29分钟。"牛娃急得大哭，但是牛娃爸牛娃妈坚定地执行了规定。

第二天，牛娃不再用牛娃爸牛娃妈督促，自己很快完成了洗漱、吃饭、穿衣服，牛娃爸牛娃妈把提前的3分钟延长到10分钟，作为给牛娃的奖励，就这样，牛娃早晨拖拉的坏习惯渐渐改掉了。

爹娘练个手

孩子在超市看到喜欢的玩具非要买，不给买就闹情绪，这时您该怎么办？

第二十三坑

给孩子"软禁"

家长过度包办衣食住行,给孩子"软禁",严控孩子社交与兴趣,看似保护,实则剥夺了孩子试错与探索的权利。成长本是跌跌撞撞中学会站稳的过程,若总被圈在"安全区",孩子终将丧失独立飞翔的能力,沦为依赖他人的"巨婴",这恰是对成长最残忍的辜负。

避坑:"放鸟归林"法

诚然,作为家长,我们渴望为孩子提供良好的成长环境,帮助他攻克难关。然而,真正的成长是无法被替代的。孩子需要经历挫折,学会在困难面前坚强与独立。正如鸟儿终须展翅飞翔,孩子也必须在人生的旅途中,自己跨越那些看似不可逾越的坎,自己从跌倒中爬起,从不哭到皱眉到微笑,学会坚强与自立。

那么,我们可以通过怎样的方式,为渴望天空的孩子打开"鸟笼",放手让其自由飞翔呢?

第一,培养孩子的自主能力。家长应鼓励孩子独立思考、自主决策和解决问题。在安全的前提下,让孩子自由探索和尝试新事物,不要过度保护或限制。

第二，建立信任。家长要相信孩子有能力自己成长和发展，给予孩子充分的信任和空间，让孩子感受到家长的信任和支持。

第三，设定合理的界限。家长应该设定合理的界限和规则，明确什么是可以做的，什么是不可以做的，并要求孩子遵守。同时，也要让孩子知道这些界限和规则的原因和必要性。

第四，培养孩子的责任感。家长可以适当地分配一些家务或任务给孩子，让孩子承担一定的责任。这样能让孩子学会承担，也能提高他的自信心。

第五，学会适时放手。家长要适时地让孩子自己处理问题，不要总是替孩子做决定或解决问题，让孩子自己面对挫折和困难，学会独立思考，获得解决问题的能力。

第六，给予孩子适当的鼓励和赞美。当孩子成功地完成一项任务或做了一件好事时，家长应该给予适当的鼓励和赞美。这能增强孩子的自信心和自尊心，激发他的积极性。

第七，保持沟通和交流。家长应该与孩子保持良好的沟通和交流，了解孩子的想法和感受。在适当的时候，可以与孩子分享自己的经验和知识，帮助孩子更好地成长。

总之，学会对孩子放手需要家长的耐心、信任和支持。通过合理的引导和帮助，家长可以帮助孩子获得独立自主的能力，培养他们的自信心和责任感，为他们的成长打下坚实的基础。

牛娃成长记

在牛娃刚上小学的时候，环境的变化导致他很多方面都感觉不适，做事磨蹭，家庭作业也要一直拖延到最后才完成。牛娃爸牛娃妈一开始选择

"大棒加甜枣"政策，威逼利诱。一对一、"盯人战术"用了个遍，搞得"人困马乏"，家里"鸡飞狗跳"。牛娃对学习的热情却逐渐减弱，并觉得写作业是家长的事，他在帮家长完成作业。发现问题后，牛娃爸牛娃妈决定在爱与界限中找到平衡，他们设立了一个家庭规矩：牛娃要在规定的时间内独立完成作业，家长只提供必要的帮助和指导。这一调整既表达了对牛娃的爱与关心，同时设定了明确的界限，帮助他培养学习的自主性和责任感。牛娃逐渐适应了新的学习模式，顺利度过了幼小衔接阶段。

爹娘练个手

老师留了一篇作文，题目是《上学路上》，孩子说："妈妈，我上学的时候没注意过路上有什么，你帮我写吧。"面对这种情况，您该怎么办？

第二十四坑

"老母鸡"式带娃

一个微视频中记录了不同动物母子间亲昵戏耍的镜头，十分温馨感人，配的歌词是"天下母亲都是一样的"。的确，爱孩子是一切动物的本性。

显然，人类的母爱与动物的母爱有着相同的一面，那就是本能的保护欲，比如在危险来临时，母亲会本能地舍身护子。但在现实社会中，这种本能常常让爱失去理性。家长"老母鸡"式带娃，对孩子过于溺爱，娇生惯养，百依百顺，不让孩子吃一点儿苦，受一点儿罪，结果反而把孩子惯坏了，自己也因此成为一个失败的家长。

避坑："理性带娃"法

家长要防止保护欲的泛滥，在感性的同时给予孩子一种理性的爱。那么，真正智慧的母亲应该以怎样的方式去爱着自己的孩子呢？

妙招一：当孩子沮丧时，倾听他的心声，理解他的感受，帮助他从负面情绪中走出来，启发他找到解决问题的方法。

妙招二：当孩子开心时，要真诚分享他的快乐，让他的获得感加倍，并从中发现他的闪光点，给予他充分的鼓励，让他在快乐中知道自己的优秀，并一直优秀下去。

妙招三：当孩子犯错误时，帮助他发现问题，询问他的动机，在不伤自尊的前提下，帮助他改正错误，从错误中得到成长。

妙招四：当您和孩子发生冲突时，您需要教会孩子怎样在彼此尊重的前提下，让事情尽可能完美地解决。

牛娃成长记

牛娃爸牛娃妈注重平衡陪伴孩子的成长和自身工作之间的关系。每晚回家，他们都设定一段专属陪伴时间。一天，牛娃因一道数学题不会做而沮丧。牛娃爸牛娃妈并不急于解答，而是耐心引导牛娃思考，培养他独立思考的能力。牛娃爸牛娃妈通过理智宠娃的方式，不仅关注孩子的学业，更注重培养其解决问题的思维方式。他们理性而耐心的陪伴方式，使牛娃在轻松的氛围下克服困难，不再焦虑。这样的宠爱方式让孩子在成长过程中不仅获得学科知识，更具备了解决生活难题的能力。家长也实现了理智宠娃不虐心的目标。

总之，科学带娃就是让理性战胜本能，理智的爱才是润泽孩子身心的澄澈春水，才能让孩子得到健康成长。

爹娘练个手

如果孩子的玩具，被其他小朋友抢走了，这时您会在第一时间对孩子说什么？做什么？

第二十五坑

孩子好坏全看妈

相当多的中国家庭有这样一个根深蒂固的传统思想：男人负责赚钱养家，女人负责做饭带娃。于是许多父亲认为，教育孩子是母亲的事，与男人无关。父亲这个角色在孩子成长过程中缺席的现象，引起了很多妈妈的吐槽："老公工作很辛苦，经常一个多月才回来见一次孩子""我们家那位就是个甩手掌柜，每天一回来就玩手机打游戏，叫他带孩子，说太辛苦了需要放松"……这样的家庭分工真的合理吗？父亲真的只负责赚钱就够了吗？

避坑："悟空爸爸"法

越来越多的研究发现：父亲的陪伴对于孩子成长的重要性远远超过了我们的想象。英国杰出的诗人、演说家乔治·赫伯特说过："一个好父亲胜过一百个好校长。"著名心理学家弗洛伊德也曾经说过："我想不出还有比获得父亲的保护和爱更强烈的青少年需要。"

还有研究发现，有父亲积极参与家庭教育的家庭，孩子更能表现出较高水平的合作与社会技能，产生问题行为的可能性较低。

所以，亲爱的父亲，如果您希望自己的孩子将来能有一番作为，如果您希望自己的孩子长大后能过得幸福，如果您希望自己在孩子心中有一个优秀的父亲形象，请像孙悟空一样，学会神奇的变化术：

变成孩子游戏的好玩伴。放下大人的身段，和孩子一起幼稚，一起投入，一起开心，一起疯玩。

变成孩子学习的好伙伴。经常坐在孩子的书桌旁，陪他阅读，陪他做题练习，给他答疑解惑。

变成孩子人生的好导师。当孩子遇到问题时，用你的人生经验帮他做分析，给他提出理性、睿智的建议。

变成孩子永远的好靠山。当孩子遇到困难时，一定要第一时间出现在他的身边，为他呐喊助威、加油鼓劲，让他安心，让他自信。

总之，不要让父亲在孩子成长的过程中缺位，把每一个应该做到的角色扮演好，既是孩子的需要，也是父亲独有的幸福。

牛娃成长记

在牛娃的成长过程中，牛娃爸扮演着至关重要的角色，不但是家庭支柱，更是牛娃的坚强后盾。虽然工作繁忙，牛娃爸还是争取每天晚上都耐心地与牛娃聊天，做好有效陪伴，关心他在学校的表现，并提供支持和鼓励。在牛娃写作业时，牛娃爸的陪伴很独特，他会找一本书，坐在牛娃身边一起学习；在牛娃遇到困难时，牛娃爸总是以轻松的方式解释复杂的问题；在足球比赛中，牛娃爸成为牛娃的激励者和陪伴者，不仅教导他踢球技术，

还向他传授人生道理。

爹娘练个手

孩子作为班级球队的守门员参加了学校的足球比赛，因被对方攻进了球而沮丧。爸爸应该如何成为孩子心中的"悟空爸爸"？

第二十六坑

父母无成，子女难兴

一些父母觉得自己的文化水平和社会地位不尽如人意，就认为自己的孩子也聪明不到哪里去，因此放弃对孩子学业上的期待，这种放任式的教育态度会向孩子传递消极情绪，让他们对自己也没有期待，没有要求，进而随波逐流，荒废大好年华。

避坑："相信赋能"法

其实，每个孩子的潜力都是不可限量的，靠努力学习改变命运的励志例子比比皆是。作为父母，只要教育方法得当，给予孩子足够的关爱和鼓励，孩子就很有可能逆袭人生，创造奇迹！所以，请用"相信"的力量为孩子赋能，只要做到以下几点，就能为孩子燃起斗志添柴加薪：

传递积极的期待。无论孩子的现状如何，父母都要相信他拥有无限的潜力。通过语言和行动传递这种信念，比如经常对孩子说"我相信你可以做到""你有能力解决这个问题"。

避免贴标签。不要因为孩子的某次失败或表现不佳就给他们贴上"不聪明""没天赋"的标签，而是帮助他们分析问题，找到改进的方法。家长要适应孩子的成长和变化，调整教育方式，与他们建立更紧密的关系。

引导孩子发现自己的优点。帮助孩子认识到自己的长处,并鼓励他们用积极的语言自我肯定,比如"我可以做到""我有能力解决这个问题"。

培养孩子的抗挫能力。让孩子明白,失败并不可怕,重要的是从中学习并继续前进。

总之,文化水平和社会地位的高低不能决定一个人是否是合格的父母,父母对孩子的理解、关爱和引导才是关键。

牛娃成长记

牛娃爸牛娃妈对孩子的教育充满了耐心和关爱。他们重视孩子的学业,关注孩子的需求,理解孩子的情绪和压力。牛娃上了初中,虽然面对学业的挑战,但牛娃爸牛娃妈总是鼓励他努力学习,注重培养他的学习兴趣和自主学习能力,不把评判标准单纯放在考一个好成绩上。牛娃爸牛娃妈从来不强迫牛娃,而是关注他的个人成长和价值观。最终,牛娃因为对学习的热爱和坚持努力,克服了学业上的困难,取得了令人瞩目的好成绩。

爹娘练个手

孩子觉得自己会像爸爸妈妈一样,不会有太大的成就。因此,没有理想,不想努力,您应该怎样帮助孩子?

第二十七坑

电子产品是主因

在现代家庭教育中，电子产品已经成为孩子生活中不可或缺的一部分。智能手机、平板电脑等设备虽然为学习提供了便利，但也带来了诸多问题。一些孩子对电子产品过度依赖，导致注意力分散、学习效率下降，甚至出现沉迷网络、社交障碍等现象。这些问题不仅影响了孩子的学业表现，还可能对他的心理健康和长远发展造成负面影响。想要避免孩子对电子产品过度依赖，可以试试下面的方法：

避坑："脱屏"法

制定使用屏幕的时间表。根据心理学家维果茨基的最近发展区理论，孩子的行为需要在外界的引导和规范下逐步内化。明确的规则可以帮助孩子建立自我控制能力，减少对电子产品的依赖。根据孩子的年龄和学习需求，合理规划电子产品的使用时间。例如，学龄儿童每天使用电子产品的时间不宜超过1小时，且应避免在学习时间或睡前使用。

建立"无屏幕"时段，培养兴趣爱好。在家庭中设定固定的"无屏幕"时段，如用餐时间、家庭活动时间等，帮助孩子养成良好的生活习惯。引导孩子发展阅读、绘画、音乐等非电子类兴趣爱好，丰富他们的课余生活。

鼓励户外活动与体育运动。美国教育家杜威提出"从做中学"的理念，强调了实践在教育中的核心地位。丰富的替代活动不仅能转移孩子的注意力，还能促进他们的全面发展。通过户外运动、团队游戏等活动，让孩子在现实生活中找到乐趣，减少对虚拟世界的依赖。

家长树立榜样，加强亲子互动。班杜拉的社会学习理论指出，孩子通过观察和模仿成人的行为来学习。家长的言行举止对孩子有着深远的影响，因此家长应以身作则，为孩子树立良好的榜样。家长应减少在孩子面前使用电子产品的时间，尤其是在陪伴孩子时，避免"人在心不在"的现象。通过家庭游戏、共同阅读等方式，增强亲子之间的情感联系，让孩子感受到家庭的温暖和支持。

通过以上方法，家长可以有效避免孩子对电子产品的过度依赖，帮助孩子养成良好的学习习惯和生活态度。这不仅有助于提升孩子的学业表现，还能为孩子的身心健康和长远发展奠定坚实的基础。

牛娃成长记

牛娃是一名乐观活泼的初中生，最近他的成绩有所下降，并沉迷于手机游戏。究其原因，是因为学科难度增加，牛娃感到难以应对，对学习兴趣减退，于是在手机游戏中寻找胜任感和价值感。另外，在家庭环境方面，牛娃的家里最近发生了一些变故，父母的工作压力增大，导致家庭氛围紧张，也影响了他的学习状态。

在和牛娃的沟通中，他说自己由于沉迷游戏，忽视了跟同学的沟通，与同学之间的关系也出现了矛盾，这使牛娃更难专心学习。家长和老师决定共同协作，在家庭中父母以身作则减少使用手机，抽出更多时间陪伴孩子，改善家庭氛围。同时，在学校里老师提供额外的学习辅导，帮助他重新找回学习动力。找到了成绩下降的原因后，用对了方法，慢慢地牛娃在学习中找到了成就感，也改善了跟同学的关系。

爹娘练个手

您的孩子放学回家后总借口需要使用手机查资料，结果却用手机观看小视频，您该采用哪些方法帮助孩子尽快"脱屏"？

第二十八坑

做孩子行动的监视员

在现代家庭教育中,一些家长出于对孩子的关心和期望,往往会不自觉地扮演"监视员"的角色,时刻关注孩子的一举一动,从学习到生活事无巨细地干预。这种过度关注的行为,虽然初衷是好的,却可能适得其反,导致孩子失去自主性,产生依赖心理,甚至引发逆反情绪。长期来看,这种行为不仅会削弱孩子的自我管理能力,还可能影响他们的心理健康和人格发展。因此,避免家长对孩子行为的过度关注,可以试试下面的方法:

避坑:"合理边界"法

明确界限,放手尝试。根据埃里克森的心理社会发展理论,孩子在成长过程中需要通过自主探索来建立自我认同感,过度干预会阻碍孩子形成独立的自我意识。因此,家长可以给孩子适度的自主权。家长应明确哪些事情可以由孩子自主决定,哪些需要家长参与。例如,在学习上,可以让孩子自己制订学习计划,家长只提供建议而非直接干预。

引导而非控制。蒙台梭利教育法强调"帮助孩子自己做",认为孩子的能力是在自主探索和实践中发展的。家长的过度干预会剥夺孩子学习自我管理的机会。因此,家长要意识到,比起您的"监视",更重要的是培养孩子的自我管理能力。家长可以通过提问和讨论的方式引导孩子思考，比如"你觉得这个问题该怎么解决？"而不是直接给出答案或指令。帮助孩子设定短期和长期目标，并鼓励孩子自己制定实现目标的步骤，家长只需定期跟进并提供支持。

允许孩子犯错并从中学习。德西和瑞安的自我决定理论指出，孩子在体验到自主性和责任感时，内在动机会更强。通过承担后果，孩子可以更好地理解行为与结果之间的关系，从而增强自我管理能力。因此，家长要鼓励孩子承担后果，培养责任感。当孩子做出错误决定时，家长不必急于纠正，而应让孩子体验自然结果，并引导孩子反思和改进。例如，如果孩子因为拖延而未能完成作业，可以让他自己面对老师的批评，并从中吸取教训。

设定责任范围。根据孩子的年龄和能力，分配一些家庭任务或学习任务，让孩子感受到自己对家庭和学习的责任。

通过以上方法，家长可以避免对孩子行为的过度关注，帮助他们在自主探索中培养独立性、责任感和解决问题的能力。这不仅有助于孩子的学业发展，还能为他的心理健康和人格成长奠定坚实的基础。家长的职责不是做孩子的"监视员"，而是做他们的"支持者"和"引导者"，让孩子在自由与规范中找到平衡，成长为自信、独立的个体。

牛娃成长记

牛娃在看书时，牛娃爸牛娃妈从来不监督牛娃看书时是不是坐端正了，是否需要为他提供水和水果等影响阅读的事情。因为他们认为阅读和学习是牛娃自己的事情，他们需要做的，是帮助牛娃确立阅读和学习目标，鼓

励他坚持努力，培养他的学习兴趣。他们鼓励牛娃在学校课程之外培养自己的兴趣爱好。最近，牛娃对航空航天科学产生了浓厚兴趣。为了培养他自主阅读和学习的能力，牛娃爸牛娃妈引导他使用图书馆和互联网里面的资源，并购买相关书籍。牛娃爸牛娃妈并不直接提供答案，而是鼓励牛娃制订阅读和学习计划，自己解决问题。通过这个过程，牛娃不仅深入了解了航空航天科学知识，还培养了独立思考和解决问题的能力。这种自主学习模式使牛娃不仅在学科知识上有所提升，还在实际生活中展现出更高的学习动力和主动性。

爹娘练个手

孩子正在拼一套乐高积木，您会在旁边做些什么？放下手机，拿起书籍，不去监督，试试陪伴。

第二十九坑

惩罚是必需的

在家庭教育中，许多家长认为孩子"做错事就必须惩罚"，认为只有通过惩罚才能让孩子记住教训、改正错误。然而，这种过度依赖惩罚的教育方式，虽然短期内可能见效，但从长远来看，却可能对孩子的心理发展和行为习惯产生负面影响。过度惩罚容易让孩子产生恐惧、逆反心理，甚至导致自尊心受挫、亲子关系紧张。更重要的是，过度惩罚忽视了孩子犯错背后的原因，剥夺了孩子从错误中学习和成长的机会。因此，避免过度惩罚，做到奖惩有度，可以试试下面的方法。

避坑："奖惩有度"法

分析错误原因，而非简单责罚。皮亚杰的认知发展理论指出，孩子需要通过反思和内化来学习规则。单纯的惩罚只会让孩子害怕，而引导孩子理解错误背后的逻辑，才能真正帮助孩子成长。因此，家长可以用引导代替惩罚，帮助孩子理解错误。当孩子犯错时，家长应先冷静下来，与孩子一起分析错误的原因，而不是直接惩罚。例如，孩子考试成绩不理想时，家长可以问："你觉得这次问题出在哪里？我们可以一起想办法改进。"

家长可以和孩子一起建立"自然结果"与"逻辑结果"的惩罚机制。

德雷克斯的逻辑后果理论强调，惩罚应与错误行为有直接关联，并且是合理且可预见的。这种方式能帮助孩子建立行为与结果之间的联系，而不是单纯地害怕惩罚。例如，让孩子体验行为带来的自然后果。孩子忘记带作业，自然会受到老师的批评，家长不必额外惩罚。当自然结果不明显时，家长可以设定与错误行为相关的合理后果。例如，孩子打翻牛奶，可以让他自己清理，而不是责骂或体罚。

引导孩子自我评估，培养孩子的自我反思能力。维果茨基的社会建构理论指出，孩子通过内化外部的指导和反思来发展自我认知。家长的引导可以帮助孩子将外部规则转化为内在的行为准则。因此，家长要注重培养孩子的自我反思能力。当孩子犯错时，家长可以通过提问的方式引导孩子进行自我反思，例如"你觉得这件事做得对吗？为什么？""如果再来一次，你会怎么做？"这种方式能帮助孩子主动思考自己的行为，而不是被动接受惩罚。

记录成长与改进。鼓励孩子记录自己的错误和改进过程，例如，通过写日记或制作"成长手册"，让孩子看到自己的进步，增强自我管理的信心。

牛娃成长记

牛娃特别尊敬他的校长，原因来自一件小事：初一刚入校不久，一天校长巡视校园，看见牛娃捡起石头扔同学，于是他让牛娃放学后来一趟校长室。校长晚到了一会儿，一见面就给了牛娃一颗枣，表示自己迟到了，而牛娃愿意等他，这颗枣是奖励。随后他又给了牛娃一颗枣，表示牛娃听到自己的呵斥后，不再朝同学丢石头，这是对校长的尊重。说着，他又拿出第三颗枣，表示自己已经查明牛娃拿石头扔同学的原因是看见这个同学正在欺负别的同学。牛娃听后大哭，并且表示知道自己错了，解决问题的方法有很多，不一定非要以暴制暴。这时校长说自己没有枣了，不然还应该再奖励一下牛娃的认错行为。

爹娘练个手

当孩子因为某些心愿没有达成而出现抵触行为时，您会怎么做？

第三十坑

学习的好坏在智商

当家长议论别人家孩子学习好时,往往会说那孩子聪明,而成绩差的孩子,往往都被说成笨。聪明和笨,说的就是智商高低了。现在有句流行语,叫"智商是硬伤"。但孩子成绩差,就是智商的问题吗?学霸之所以成绩好,与智商有多大关系呢?

如果硬要说学习与智商是"三分天注定"的关系的话,那么剩下的"七分"靠什么呢?

避坑:"因素叠加"法

从孩子自身角度来说,影响成绩的因素主要有:学习态度、学习方法、努力程度及心理素质。

学习态度:

"态度决定一切。"学习态度就是孩子对学习是喜欢还是厌恶,是接受还是排斥。实验研究表明,孩子的学习态度直接影响学习行为和学习成绩。学霸往往都以学习为乐,积极自觉,他们知道学习的意义和重要性,课上认真听讲,课后主动学习。而那些态度消极、不爱学的孩子,往往把学习当作一种强迫性的苦差事,带着逆反心理去应付学习,导致成绩差。

要学习成绩好，首先应端正学习态度。态度是可以慢慢培养的，只要愿意改变，成绩再差的孩子也有机会改变。

学习方法：

学习方法是影响学习成绩的技术性因素，与学习态度同等重要。差生之所以差，很多时候就差在学习方法上。聪明不是指智商，而是方法。学习成绩好的同学找对了方法，他们善于归纳总结，知道课前预习，课后复习，有整理错题的好习惯，懂得劳逸结合。这些方法使学习变得轻松高效，所以他们面对任何学科、任何难题都能驾轻就熟，无往不利。

"工欲善其事，必先利其器。"要成为学习成绩好的同学，掌握科学、高效的学习方法是关键。

努力程度：

"笨鸟先飞，跛鳖千里"的故事告诉我们通过不懈的努力和坚持，人们可以克服自身的不足和外部的困难，最终取得成功。而有的同学表示自己并没有下多大功夫，可考试仍然高分。他们真没有努力吗？当然不是，只是他们的努力已成为习惯罢了。

做任何事，付出才会有回报，学习更是如此。要成为学习成绩好的同学，刻苦钻研，反复训练，勤奋努力，持之以恒，都必不可少。

心理素质：

学习成绩好的同学都是在考试之后因惊人的高分而显山露水。但有的孩子就是平时学得好，一到考试就掉链子，看错题，算错数，出现各种不该犯的错误。

考试中紧张恐惧，马虎大意，都是受心理因素的影响。心理素质差的孩子，考试容易发挥失常，尤其在中、高考这种重要考试中，更易受到影响。

所以，为应对考试，一定要把应考心态锻炼好。

牛娃成长记

牛娃在科学课上了解了造纸术，牛娃妈为了培养他的学习兴趣就陪牛娃在家里演示了一遍造纸：将废纸撕成小片后泡在水里，让孩子不停地用筷子搅动，形成纸浆。然后找一块纱布，把纸浆倒在上面，通过纱布过滤，去除大块的杂质。然后将过滤后的纸浆倒在模具上，并吸走上面的多余水分。最后将半干的纸张进行晾晒。在这过程中，牛娃不但学到了知识，而且自己动手操作，兴趣盎然。因此，牛娃对科学知识产生浓厚兴趣，久而久之就养成了动手做实验的学习习惯。

爹娘练个手

孩子在写作业时不专心，会答的题也没有答对，您会怎么做？

第三十一坑 "双标"的家长

虽然我们都知道"身教胜于言传",可在教育孩子的实际过程中,家长不希望孩子做的事情,自己却经常做。例如,家长不喜欢孩子经常看手机、玩电脑,但自己的业余生活就是和手机、电脑为伴;家长禁止孩子抽烟,但一些家长却有抽烟的习惯;家长希望孩子不要固执,但自己常常不听别人的劝告;家长希望孩子不要动不动就发脾气,但自己常常在家随意发泄情绪。家长希望孩子多做的事情,自己却很少做。例如,家长希望孩子闲暇时多读书,可自己读书的数量还是个位数;家长希望孩子有目标,有追求,可自己年纪轻轻就已经放弃了人生追求;家长希望孩子懂得感恩,可自己从来没有对身边的人表达感谢,反而把别人的好意当成理所当然、天经地义的事情。

在家庭教育中,这种"双标"行为不仅会让孩子感到困惑和不公平,还可能削弱家长的权威性,导致孩子对规则产生怀疑甚至逆反心理。长期来看,这种教育方式会严重影响孩子的价值观和行为习惯。所以当家长觉得孩子不够优秀的时候,请先反思,孩子的这些缺点是从哪里学来的?平日里自己又是如何做的?

避坑："改娃正己"法

埃里克森的心理社会发展理论指出，孩子在不同的发展阶段会面临不同的心理社会任务，理解社会角色对于孩子建立自我认同起着关键作用。明确角色差异能帮助孩子更好地理解规则背后的逻辑。因此，在家庭中要明确角色与责任的差异。家长可以向孩子解释，成年人和孩子的责任不同，因此某些规则可能有所差异。例如，"爸爸妈妈需要工作赚钱，所以有时会晚睡，但你的主要任务是学习和成长，所以需要早睡"。

但是，为了孩子更好地成长，我们还是要"改娃先正己"，我们要努力做到：

第一，强调共同的核心价值观。尽管角色不同，但家长和孩子应共同遵守家庭的核心价值观，如诚实、尊重、责任感等。家长和孩子可以一起反思自己的行为，互相监督和改进。例如，家长可以和孩子一起制订"减少手机使用"的计划，并互相鼓励。

第二，全家适用奖惩规则。斯金纳的操作性条件反射理论强调，透明的奖惩机制能有效激励行为。全家共同参与能增强孩子的责任感和规则意识，因此，可以尝试建立透明的奖惩机制。例如，如果全家人都完成了每周的阅读目标，可以一起庆祝；如果有人未完成，则需承担一些家务。通过家庭公告板或记录表，公开记录每个人的表现，确保奖惩的透明性和公平性。

第三，鼓励孩子提出疑问。皮亚杰的认知发展理论指出，孩子通过与外界的互动和反思来发展逻辑思维能力。通过讨论，孩子能更好地理解规则的意义，并主动遵守，因此，要注重培养孩子的批判性思维。当孩子对"双标"行为提出疑问时，家长应鼓励孩子表达自己的想法，并引导孩子思考规则背后的合理性。与孩子一起讨论某些规则是否公平，是否需要调整。例如，"你觉得我们家的手机使用规则合理吗？你有什么建议？"。

第四，定期召开家庭会议。维果茨基的最近发展区理论指出，孩子的能力是在与成人的互动中逐步发展的。通过共同反思和改进，家长和孩子可以一起成长。因此在家庭教育过程中要定期反思与调整家庭规则。全家人可以定期开会，回顾规则的执行情况，讨论是否需要调整。例如，随着孩子年龄增长，可以适当放宽某些规则。

通过以上方法，家长可以避免"双标"现象，做到言行一致，为孩子树立正面的榜样。这不仅有助于孩子形成正确的价值观和行为习惯，还能增强亲子之间的信任与理解，为孩子的健康成长奠定坚实的基础。

牛娃成长记

牛娃刚从幼儿园到小学的时候，对很多事物的认识还非常懵懂，因此常常模仿家里的大人，学习他们的行为举止。慢慢地，班主任发现牛娃特别会照顾别的同学，比别的学生看起来成熟很多，是个十足的"小暖男"。班主任对此很好奇，于是给牛娃妈打了电话，询问牛娃妈怎么把孩子教育得这么出色。得到了班主任的认可，牛娃妈很开心。她告诉班主任，她和牛娃爸没有特意教育过牛娃怎样照顾人，或站在他人的需求上考虑问题。牛娃能够养成这样的习惯也许是因为牛娃爸就是个"大暖男"，在家里不仅会照顾牛娃妈的情绪和需求，跟牛娃妈谈论单位事情的时候也总是站在理解和谅解同事的角度思考问题，表达观点。久而久之，在家庭环境熏陶下，牛娃自然而然地就具备了父亲身上的优点。

爹娘练个手

当您的行为出现偏差时，您会及时承认自己的错误并改正吗？

第三十二坑

抱怨成为家常菜

在家庭教育中,许多家长由于生活压力、工作烦恼或个人情绪问题,常常在不经意间对孩子抱怨生活中的不如意,例如抱怨经济压力、人际关系问题,甚至抱怨孩子不够优秀。例如,有的孩子从小到大,只要家里发生一点儿不好的事,妈妈就会当着他的面大倒苦水。一会儿说命不好,活得比别人坎坷;一会儿埋怨爸爸,觉得家里的男人没用,自己被拖累。不谙世事的他,分不清是非对错,全盘吸收妈妈的唠叨、牢骚,也让他觉得上天不公,自己比不过其他同学就是爸爸的错。以至于长大后进入职场,心态消极,把做任何事都视为负担,即便是自己的错也怨天尤人,惹得大家不悦。被领导约谈后,他才意识到自己能力虽强,但心态悲观,负能量过多,没有人愿意与他为伍。

这种抱怨行为看似只是情绪的宣泄,但实际上"怨"是毁掉孩子正能量的凶手,会向孩子传递负能量,影响他们的心理健康和价值观。孩子长期处于抱怨的环境中,容易变得焦虑、消极,甚至对生活失去信心。因此,避免抱怨成为家常菜,可以做以下尝试:

避坑："抱怨断舍离"法

戈特曼的情绪管理理论指出，家长的情绪管理能力在孩子情绪发展方面扮演着关键角色。积极的情绪表达能为孩子树立健康的情绪调节榜样。家长要自己学会情绪管理，树立积极榜样。

那就让我们与抱怨断舍离：

第一，用积极语言替代抱怨，每天分享积极的事情。当遇到困难时，家长可以用积极的语言表达，例如"虽然现在有点儿难，但我们一起想办法解决"，而不是"怎么这么倒霉，什么都做不好"。可以在家庭中设立"每日分享时间"，让每个家庭成员分享一天中让自己感到开心或感恩的事情，培养积极的心态。

第二，教会孩子正确表达情绪。情绪智力理论指出，情绪表达和管理能力是孩子心理健康的重要组成部分。家长可以通过培养孩子的情绪表达能力，减少孩子对抱怨行为的模仿。因此，我们要注重培养孩子的情绪表达能力。当孩子感到不满或沮丧时，家长可以引导孩子用语言表达情绪，而不是通过抱怨或发脾气。例如，"你可以告诉我为什么生气吗？我们一起想办法解决"。鼓励孩子通过写日记或绘画的方式记录自己的情绪，帮助孩子更好地理解和处理负面情绪。

第三，设立"无抱怨日"，全家共同参与。行为主义理论指出，通过设定具体的目标和规则，可以逐步改变不良行为习惯。可以尝试在家庭中设立"无抱怨日"，选择一个固定的时间段（如每周一天或每天一小时），全家人约定在这段时间内不抱怨，而是用积极的语言表达感受。这种活动能帮助家长和孩子共同培养积极的语言习惯。在"无抱怨日"结束后，全

家可以一起回顾这段时间的表现，讨论如何减少抱怨，并分享自己的感受和收获。通过正向沟通，家庭氛围会更加和谐，孩子也会更乐观。

第四，关注解决问题而非抱怨问题。当家庭遇到困难时，家长应引导全家人一起讨论解决方案，而不是一味地抱怨。例如，"我们现在遇到了这个问题，大家有什么好主意吗？"

家长的言行不仅是孩子学习的榜样，更是他们形成世界观和价值观的重要来源。只有家长以身作则，用积极的态度面对生活，孩子才能学会以同样的态度迎接未来的挑战。通过以上方法，相信定能帮助孩子在乐观、健康的环境中成长。

牛娃成长记

牛娃在学校跟好朋友因为一件小事有了矛盾，感觉特别愤愤不平，想跟自己的另一位朋友好好吐一番苦水。刚走到这位朋友身边，牛娃突然想起牛娃爸曾跟他说："每个人都是不同的，做法和想法也不可能完全一致。一个人的角度与立场，加上他的成长经历，再结合他的性格习惯，这三点合力形成了他当下的举动。与他人产生矛盾冲突时，最需要做的就是放下'我'，理解'他'。如果你跟任何人都能用这种方式相处，也就没有什么值得抱怨的事了。"

想到父亲说的这些，牛娃突然变得轻松释然。是啊，抱怨解决不了任何问题，既没有体谅别人，也没有放过自己。牛娃突然发现了父亲的伟大，决心以父亲为榜样，学习如何跟别人相处。

爹娘练个手

当父母因孩子成绩不理想而想要互相指责时，请先互相温暖。

第三十三坑

在孩子面前评论别人

一些家长常常在孩子面前随意评论他人，例如抱怨邻居、批评老师，甚至贬低陌生人。研究发现，经常议论他人的家庭中，孩子出现校园霸凌行为的概率增加27%。这并非因为孩子本性恶劣，而是他们从家庭中习得了"通过贬低他人获得优越感"的社交模式。因此，如何避免在孩子面前评论他人，已成为家庭教育中需要重视的问题。

避坑："背后沉默"法

朋友们，"背后沉默"法其实并不是真的一言不发，我们建议家长这样做：

第一，尽量聚焦于对方的优点或积极行为。例如，"这位老师虽然严厉，但很负责任"。可以尝试避免绝对化语言，用客观的语言描述问题，而不是以偏概全，例如，"他这次做得不太好"比"他总是这样"更客观。

第二，塑造积极的自我概念。自我认知理论指出，孩子通过对自身行为的观察和反思，可以逐渐形成对自己的认识和评价，进而塑造积极的自我概念，减少对他人的负面评价。作为家长可以引导孩子关注自身行为，强调自我改进。当孩子对他人产生负面看法时，家长可以引导孩

子关注自身行为，例如，"与其批评别人，不如想想我们自己可以做得更好"。

第三，将评判转化为讨论。遇到需要评价的情况时，可以和孩子客观分析："阿姨刚才那样说话可能让人不舒服，你觉得如果换种表达方式会更好吗？"培养孩子的换位思考能力。

第四，教孩子区分"评价"与"八卦"。比如朋友考了低分，可以说："他可能最近遇到困难了，我们要不要问问他需不需要帮助？"而非"他肯定没认真复习"。

第五，坦诚面对自己的偏见。如果无意中在孩子面前评论了他人，可以事后补充："妈妈刚才那样评价别人不太妥当，其实我们并不了解全部情况。"

家长完全可以用更智慧的方式引导孩子：当遇到需要评价的情况时，着重培养孩子对事实的甄别能力——我们看到的是全部真相吗？和善意推定能力——他为什么会有这样的行为？这种思维训练，远比单纯禁止"背后议论"更有教育意义。

牛娃成长记

牛娃在班上有个好朋友，两个人关系特别密切，无话不谈。但有段时间，牛娃朋友的妈妈由于工作压力大，在家特别喜欢跟家里人唠叨单位中同事的各种不是。渐渐地，牛娃的朋友也养成了喜欢在背后议论别人的习惯，导致一些原本与他关系密切的朋友，包括牛娃，在发现他的这个毛病后都疏远了他。有一天，牛娃忍不住对他说："你总喜欢在背后评论是非，指责别人的不是，甚至挑拨离间，希望你的朋友都向你靠拢，但是大家不想跟这样的你做朋友。"朋友听了牛娃的直言后,开始改变自己,慢慢地,大家又接纳了他。

爹娘练个手

当孩子跟您说班上的小明上课调皮,老师似乎对他没有好感时,您会怎样回应孩子呢?

第三十四坑

学习是痛苦之源

孩子是具备学习能力，具有好奇心、想象力的。但现在的孩子之所以认为学习是痛苦的，一部分是因为从上学开始，就被要求机械记忆知识要点而忽视了探索的乐趣，或是在反复刷题与排名竞争中，逐渐失去了对世界的好奇心。长此以往，有的孩子逐渐失去学习的兴趣和动力，觉得学习是一件枯燥无味的事情；有的孩子产生自我怀疑，认为自己不够优秀，甚至认为自己"学不好"是理所当然的。有的孩子为了避免失败或批评，选择逃避学习任务，表现为拖延、敷衍了事，甚至厌学。还有的孩子因为害怕达不到期望而感到焦虑，甚至对学习产生恐惧心理，形成恶性循环。

孩子一想到学习，原本天生的好奇心和想象力被压抑，变成机械地完成任务，缺乏主动探索和创新的热情，自然就会觉得痛苦。

作为家长，我们除了调整自己对学习的认知，能做的事情还有很多。

避坑："兴趣激发"法

第一，为孩子创造一个积极、舒适的学习环境。安静、整洁的学习空间，合适的灯光和温度可以让孩子感到放松，从而更好地投入学习。

第二，激发孩子对学习的兴趣。发掘孩子的兴趣爱好，并提供相应条件让孩子沉浸其中。这可以让孩子感到学习是有趣的，从而增强学习动力。

第三，采用多样化的学习方法。例如使用游戏、互动故事、卡牌等，这些学习方法可以激发孩子的学习兴趣，提高学习效果。

第四，给予积极的反馈和鼓励。当孩子取得进步时，及时给予积极的反馈，例如表扬、奖励等，这可以增强孩子的自信心和动力，促进孩子更好地学习和成长。

第五，利用亲子互动进行学习。家长可以与孩子一起学习，并与孩子交流学习的感受和体会，这可以在增强亲子关系的同时激发孩子的学习兴趣和动力。

第六，鼓励孩子多与其他人交流。让孩子与其他孩子交流互动。这可以让孩子感到学习是有意义的，从而增强学习动力。

需要注意的是，孩子的学习兴趣是逐渐培养的，家长应该根据孩子的具体情况，采用适当的方法来激发孩子的兴趣。同时，家长也应该合理控制孩子的学习时间和频率，避免过度学习而影响孩子的身体健康和心理健康。

牛娃成长记

牛娃特别喜欢科学课，牛娃爸牛娃妈特意为他搭建了一个家庭实验室。一次，老师布置了一个有趣的实验任务，要求同学们设计并展示自己的科学实验。牛娃兴奋地选择了一个有趣的物理实验——制作小型火箭。他在家中查阅资料，动手制作，学到了许多新知识。当他将自己设计的小火箭成功发射时，牛娃爸牛娃妈和老师、同学都给了他及时的鼓励。这个

经历不仅让牛娃在实验上取得了成功,更让他深刻感受到学习的乐趣。通过动手体验,牛娃发现学习不仅是获取知识的过程,更是一场充满快乐和创造力的冒险。

爹娘练个手

孩子一做计算题就愁容满面,您该如何引导孩子呢?

第三十五坑

江山易改，本性难移

在家庭教育中，许多家长相信"江山易改，本性难移"，认为孩子的性格是天生的，难以改变。这种观念导致家长在面对孩子性格中的问题时，往往选择顺其自然，甚至放弃引导和培养。然而，心理学研究表明，性格并非完全由先天决定，后天的家庭环境、教育方式和社会经历都会对性格产生深远影响。不同的家庭环境会造就不同的性格特点，例如，温暖的家庭可能培养出自信、乐观的孩子，而冷漠严厉的家庭则可能导致孩子内向、焦虑。正如成年人可以通过学习、体验、反思不断成长一样，孩子也有着同样的潜力。因此，家长完全可以通过科学的方法，帮助孩子塑造积极的性格特质。

避坑："氛围重塑"法

家长朋友，重塑孩子性格，我们可以这样做：

第一，鼓励孩子参与艺术活动。艺术治疗理论指出，艺术活动能帮助孩子表达难以用语言描述的情感，促进情绪调节和性格发展。因此，家长可以尝试通过艺术与创造性活动培养孩子的性格。家长可以通过绘画、音乐、舞蹈等艺术形式，让孩子表达情感、释放压力，并培养耐心和专注力。

第二，创造性解决问题。家长可以引导孩子用创造性的方式解决生活中的小问题，例如通过改编一个故事来理解复杂情绪背后的原因。

第三，多接触自然环境。生态心理学认为，自然环境对人的心理健康和性格发展有积极影响。亲近自然能帮助孩子放松心情，培养坚忍和乐观的性格。家长可以尝试利用自然与环境教育塑造性格，带孩子去户外活动，例如徒步、露营或种植植物，让孩子在与自然的互动中培养耐心、责任感和对生命的尊重。

第四，环保意识与责任感。通过参与环保活动，例如垃圾分类、节约用水，让孩子从小树立责任感和对社会的关怀。

第五，教会孩子识别与表达情绪。戈尔曼的情绪智力理论指出，情绪管理能力是性格塑造的重要组成部分。通过培养情绪智力，孩子能更好地应对生活中的挑战。家长要注意培养孩子情绪管理与自我反思能力，通过游戏或绘本帮助孩子认识不同的情绪，并鼓励孩子用语言表达，例如，"你现在是不是有点儿生气？可以告诉我为什么吗？"

第六，引导孩子反思行为。当孩子出现不当行为时，家长可以引导他们反思，例如，"你觉得刚才的行为对吗？下次怎么做会更好？"

第七，鼓励孩子参与集体活动。埃里克森的心理社会发展理论指出，孩子在不同阶段需要通过社交和实践来发展性格。多样化的经历能帮助孩子形成更全面的性格特质。家长可以尝试为孩子提供多样化的社交与实践机会，通过团队运动、兴趣小组等活动，让孩子在与人交往中学习合作、沟通和解决冲突的能力。

第八，创造挑战与成长的机会。适当让孩子面对一些挑战，例如独立完成一项任务或解决一个问题，帮助他们培养坚韧和自信的性格。

性格的塑造是一个长期的过程，需要家长的耐心和科学引导。只有通过多样化的方法和温暖的支持，孩子才能在成长过程中逐渐形成健康、积极的性格，为未来的人生奠定坚实的基础。

牛娃成长记

在幸福美满的家庭氛围中成长起来的牛娃，性格开朗、阳光、外向。但牛娃在性格上有个"短板"，有点"粗枝大叶"，这种性格特点使他在学习上马马虎虎，在生活中丢三落四。牛娃小时候，牛娃爸牛娃妈没太把这个问题当回事，认为孩子阳光、开朗就好，马虎点儿不是什么大问题。但随着牛娃渐渐长大，牛娃爸牛娃妈意识到，良好的性格会伴随孩子一生，性格上的"短板"也会让孩子在成长过程中步步受挫。他们开始重视这个问题。通过一对一沟通和家庭会议等多种方式，他们帮助牛娃确立梦想和努力的目标，教会牛娃正确地认识自身性格的短处与长处，同时也郑重地告诉牛娃：比起学习成绩，在学习的过程中养成认认真真、一丝不苟、努力坚持的匠人精神更重要。慢慢地，牛娃通过自己的努力，改掉了做事漫不经心的习惯。

爹娘练个手

当孩子犯错了不敢承认错误还指责他人时，该怎么引导孩子？

第三十六坑

学习不好是老师的错

在家庭教育中，许多家长认为孩子的学习成绩和在校表现完全取决于老师，特别是班主任的教育水平和管理能力。当孩子成绩不理想或行为出现问题时，家长往往将责任归咎于老师，抱怨"老师没管好""老师没教好"，而忽视了自身在家庭教育中的重要作用。这种推卸责任的态度不仅无助于解决问题，还可能让孩子形成依赖心理，缺乏责任感和自我管理能力。事实上，孩子学习成绩的好坏和老师虽然有关系，但老师并不是决定性因素。孩子的成长是家庭、学校和社会共同作用的结果，家长的角色尤为重要。

避坑："第一责任人"法

作为孩子教育的第一责任人，家长与教师的配合不是简单的"支持"与"被支持"，而应构建专业化的协作体系。这种协同既要明确分工，又需形成教育闭环，才能最大化育人效能。以下是家长与教师高效配合的三维实践路径：

第一，构建教育共识，明确协同边界。

家长需与教师建立"教育伙伴关系"，避免角色混淆。家庭教育的核心在于塑造人格底色，如通过日常互动培养责任感、抗挫力等非认知能力；学校应侧重系统化的知识传授和社会化训练。双方可通过学期初的《家校共育目标卡》对齐重点，例如约定"本月重点培养时间管理能力"，家庭通过制定作息表配合，教师则在课堂强化任务规划训练。定期参与学校组织的教育讲座、阅读教师推荐的教育心理学书籍，有助于家长理解教育规律，避免因理念冲突降低协作效率。

第二，建立行动框架，实现精准配合。

学习支持：家庭应成为学校教育的"延伸课堂"。小学阶段可采用"三查三放"策略——检查作业记录、文具准备和情绪状态，放手让孩子自主思考、修正错误和管理时间；中学阶段可建立"错题双通道"，家长记录思维卡点，教师针对性讲解知识盲区。家庭学习环境的营造也需专业化，例如参照蒙台梭利理念设置独立学习区，配备可视化计划板和学习资源箱。

成长监测：利用数字化工具共享行为数据，每月绘制包含自律性、好奇心等维度的"成长雷达图"。发现连续3天未交作业等预警信号时，及时启动家校会商，采用"三明治沟通"法——先肯定进步，再探讨问题，最后共商解决方案。

心理共建：家庭每日用"心情温度计"记录情绪变化，学校心理教师同步建立压力事件台账。当孩子出现"我学不好数学"等固定型思维表述时，家长可运用"yet话术"引导（"不是学不好，只是暂时还没掌握"），教师则在课堂强化成长型思维训练。

第三，善用协同工具，规避常见误区。

制定《家校沟通备忘录》，区分"教师反馈区""家长观察区"和"行

动计划区",提升沟通效率。遇到分歧时,遵循"24小时冷静期"原则,避免情绪化表达。家长可与教师共建《成长档案》,实时同步家庭观察与学校表现。同时,需警惕越界干预教学,若对教学方法有疑虑,应提供具体数据而非主观判断,例如提交《家庭学习适应性报告》供教师参考。

教育的本质是生态共建。当家长以专业、理性的姿态与教师协作,不仅能形成教育合力,更能为孩子示范如何建立健康的合作关系。这种家校协同的智慧,终将成为孩子应对未来挑战的隐形课程。

牛娃成长记

牛娃在初中成绩稳居年级前十,但数学始终难入竞赛门槛。数学老师发现其解题思路固化,主动约谈牛娃妈,建议针对性提升。牛娃妈认同老师的观点,牛娃存在着课余沉迷题海战术,排斥思维拓展的问题,经过协商调整策略:老师每周提供两道开放性竞赛题,引导其建立错题分析本;家长则缩减重复练习册购买,转为周末陪孩子观看数学纪录片,参观科技馆领悟建模思维。三个月后,牛娃在市级"数理杯"中斩获银奖,期末压轴题正确率提升35%。

由此可见,当家庭配合教师打破舒适区,提供多元思维养料,方能将单科优势转化为核心竞争力,实现从"成绩优异"到"素养卓越"的跨越,这正是家校协同的魅力。

爹娘练个手

请审视自己作为孩子教育的第一责任人,可以在哪些方面优化教育方法,家校协同共育。

附：

抵制校园欺凌　家长行动进行时

王宽永　辽宁昭明律师事务所

"你的名字听起来像狗蛋儿""怎么会有你这么丑的人啊""我不就不小心撞了你一下吗"……小到一个小小的绰号、嘲笑排挤、造谣羞辱，大到剥夺受害者的生命，这些都是来自欺凌者的声音。您的孩子是否曾向您倾诉过这些令人"不太舒服"的声音？对于孩子的"求救"您又作何反应呢？部分家长可能觉得大人掺和小孩子之间的矛盾纠纷会有失体面，但是，不同于校园暴力的强攻击性和极端性，校园欺凌通常更为隐晦，您或许认为不过是孩子之间的寻常嬉闹，殊不知，欺凌行为早已在孩子心里掀起惊涛骇浪。对于受害者而言，校园欺凌不仅是一时的狂风暴雨，而是一世的阴雨潮湿。少年时遭受欺侮的恐惧，尊严被践踏后产生的自卑，会在人生中存在相当长的一段时间，甚至伴随终生。

一、校园欺凌的含义以及分类

根据联合国教科文组织公布的研究报告显示，每年至少有10亿儿童（占世界儿童总数的一半）遭受校园欺凌甚至暴力伤害。据悉，每隔

7分钟，世界上某处就有一名青少年死于暴力行为，有近三分之一的11至15岁学生过去一个月里至少被同龄人欺凌过一次（数据来源：联合国《暴力侵害儿童问题研究报告》）。一个个触目惊心的统计数据，说明校园欺凌问题呈现全球化的趋势，校园欺凌就像是一双无形的大手，将罪恶的触角伸向不同国家、不同地域的青少年，因此，抵制校园欺凌是每一位家长的必修课，作为孩子最坚实的后盾，每一位家长都责无旁贷。

什么是校园欺凌呢？《中华人民共和国未成年人保护法》对校园欺凌的含义作出了界定，该部法律第一百三十条规定："学生欺凌，是指发生在学生之间，一方蓄意或者恶意通过肢体、语言及网络等手段实施欺压、侮辱，造成另一方人身伤害、财产损失或者精神损害的行为。"

校园欺凌主要分为以下几种类型：

1. 肢体欺凌：殴打、脚踢、掌掴、抓咬、推撞、拉扯等侵犯身体的行为。例如，朝别人吐口水，绊或推别人，拿走或弄坏某人的东西，摆出下流或粗鲁的手势。

2. 语言欺凌：以辱骂、讥讽、嘲弄、挖苦、起侮辱性绰号等方式侵犯人格尊严的行为。例如，取笑别人，不恰当的性别以及外貌评论等。

3. 社交欺凌：恶意排斥、恐吓、威胁、逼迫、孤立他人，影响他人参加学校活动或者社会交往。例如，故意把某人排除在外，当众令某人难堪等。

4. 网络欺凌：通过网络或者其他信息传播方式诽谤他人、散布谣言、诋毁他人或恶意传播他人隐私。

二、孩子遭遇校园欺凌的迹象

1. 身上出现不明伤痕或者财物毁损

孩子早上穿戴干净整洁的衣服去上学，放学回家衣衫凌乱，甚至衣服明显有撕扯过的痕迹，身上还有抓痕、划痕等，即使孩子出于恐惧或者羞耻闭口不提，家长也应当引起重视。此外，若孩子的服饰、学习用品、随身饰物被无端毁坏，也表明孩子极有可能遭遇了校园欺凌。

2. 行为异常或者情绪起伏较大

原本并不排斥学校的孩子突然隐晦或者强烈地向家长流露出不想上学的念头，产生厌学情绪；孩子在一段时间内成绩大幅度下滑；原本活泼开朗的孩子变得郁郁寡欢；一点小事孩子就表现出极强的应激反应。以上种种变化都说明孩子在学校经历了不开心的事，作为家长，就应及时关注孩子不开心的根源是否与校园欺凌有关。

3. 直接或者间接地表明被孤立或者被排挤

由于每个孩子的性格差异，在遭遇欺凌等不公正对待时的倾诉方式也不尽相同。有的孩子会直接向父母求救，有的孩子则隐忍不发，家长一定要多留意孩子的情绪起伏甚至神情变化，经常与孩子交流谈心，增强孩子的依赖感和安全感。

4. 生活习惯的改变

饮食习惯的改变，例如，突然不吃饭或暴饮暴食；突然与朋友断交或逃避社交场合；出现极端行为，例如，离家出走、自残或自杀。此外，失眠、噩梦、尿床等问题也是孩子遭受校园欺凌的表现之一。

三、家长应对校园欺凌的措施

1. 保持冷静、耐心聆听

当孩子讲述自己被欺凌的细节以及经过时，家长可能义愤填膺，但此时家长应当保持冷静，作出理性的分析判断，切不可自乱阵脚，甚至在孩子面前失了分寸。面对欺凌，孩子的感情世界已经出现了褶皱，家长应当抚平伤痕，实事求是，不可添油加醋，过分地追问具体细节，无限延展放大孩子的痛苦，但同时也应充分理解与尊重孩子的经历，告诉他（她）这并不是成长过程中的"常态"，无论怎样，父母都会护他（她）周全。

2. 及时给予孩子正面的积极回应

部分家长面对孩子的倾诉，会反问道"他（她）为什么欺负你，不欺负别人，问题是不是出在你自己身上！"相较于成年人而言，孩子的抗压能力以及心理承受能力不高，当听到自己视作靠山的父母口出此言，这将无疑是压倒孩子的最后一根稻草。因此，家长应摒弃受害者有罪论，对于孩子的求救，及时进行正向的引导，坚定地告诉孩子"你很好，你没错"，第一时间对孩子进行有效疏导。如果事态超出孩子的应对能力，家长应采取行动，与学校和老师进行沟通。

3. 适当引导孩子崭露锋芒

俗话说："人善被人欺，马善被人骑"。在大众的认知里，"生气是不好的"，"生气是不对的"，家长也总是引导孩子与人为善。因此，当遭遇校园欺凌时，部分孩子会用"笑"或者"哭泣"作为防御表情，这就很容易引起欺凌者的不悦，进而增加危险。作为家长，在孩子成长过程中为其铺垫善良底色的时候,也要添加一丝"锋芒",告诉孩子,当被别人触碰底线的时候,要适当表达愤怒,有说"不"的勇气。

4. 引导孩子建立良好的人际关系

孤僻、不合群、人际交往能力差的孩子更容易遭受校园欺凌。家长要从小引导孩子和同伴建立友善的人际关系,这能降低校园欺凌发生的概率。家长可以邀请孩子的朋友到家里玩,或者多带孩子参加集体活动,增加孩子与同龄人接触的频次,有助于孩子融入亲密友善的集体关系中。

5. 对孩子敢于倾诉的行为进行肯定

只有孩子的内心中充分认可并信任父母,才会向父母还原自己的不幸经历,父母才能切实有效地帮助孩子打开心结。因此,除了必要的安抚外,父母还应该对孩子敢于表达自己被不公正对待的经历以及勇敢无畏的精神进行肯定,给足孩子直面困难、走出困境的底气。

四、校园欺凌的相关法律责任问题

1. 欺凌者的法律责任

校园欺凌事件通常以牺牲受害者的合法人身权益和财产权益为代价,依据对受害者的人身危害程度和社会影响等,欺凌者可能承担民事责任,受到治安管理处罚,甚至构成刑事犯罪。此外,欺凌者可能实施多个侵权行为,也有可能数个欺凌者共同实施侵权行为,其损害的结果也可能是一个或者多个。因此,承担何种法律责任需要结合具体情形进行分析。

(1) 民事责任

《民法典》第一千一百七十九条规定:"侵害他人造成人身损害的,应当赔偿医疗费、护理费、交通费、营养费、住院伙食补助费等为治疗

和康复支出的合理费用，以及因误工减少的收入。造成残疾的，还应当赔偿辅助器具费和残疾赔偿金；造成死亡的，还应当赔偿丧葬费和死亡赔偿金。"

《民法典》第一千一百八十三条规定："侵害自然人人身权益造成严重精神损害的，被侵权人有权请求精神损害赔偿。"

《民法典》第一千一百八十四条规定："侵害他人财产的，财产损失按照损失发生时的市场价格或者其他合理方式计算。"

由此，校园欺凌事件中的受害者受到人身损害的，可以向欺凌者主张赔偿责任，也有权请求精神损害赔偿。如财产受到损害的，有权向欺凌者主张受损财产的赔偿责任。

（2）行政责任

欺凌者的行为构成违反治安管理行为的，依法给予治安管理处罚。以下列举校园欺凌中欺凌者可能承担的行政责任，包括但不限于下列情形：

《中华人民共和国治安管理处罚法》第十二条规定："已满十四周岁不满十八周岁的人违反治安管理的，从轻或者减轻处罚；不满十四周岁的人违反治安管理的，不予处罚，但是应当责令其监护人严加管教。"

《中华人民共和国治安管理处罚法》第二十六条规定："有下列行为之一的，处五日以上十日以下拘留，可以并处五百元以下罚款；情节较重的，处十日以上十五日以下拘留，可以并处一千元以下罚款：

（一）结伙斗殴的；

（二）追逐、拦截他人的；

（三）强拿硬要或者任意损毁、占用公私财物的；

（四）其他寻衅滋事行为。"

《中华人民共和国治安管理处罚法》第四十二条规定："有下列行为之一的，处五日以下拘留或者五百元以下罚款；情节较重的，处五日以上十日以下拘留，可以并处五百元以下罚款：

（一）写恐吓信或者以其他方法威胁他人人身安全的；

（二）公然侮辱他人或者捏造事实诽谤他人的；

（三）捏造事实诬告陷害他人，企图使他人受到刑事追究或者受到治安管理处罚的；

（四）对证人及其近亲属进行威胁、侮辱、殴打或者打击报复的；

（五）多次发送淫秽、侮辱、恐吓或者其他信息，干扰他人正常生活的；

（六）偷窥、偷拍、窃听、散布他人隐私的。"

《中华人民共和国治安管理处罚法》第四十三条规定："殴打他人的，或者故意伤害他人身体的，处五日以上十日以下拘留，并处二百元以上五百元以下罚款；情节较轻的，处五日以下拘留或者五百元以下罚款。

有下列情形之一的，处十日以上十五日以下拘留，并处五百元以上一千元以下罚款：

（一）结伙殴打、伤害他人的；

（二）殴打、伤害残疾人、孕妇、不满十四周岁的人或者六十周岁以上的人的；

（三）多次殴打、伤害他人或者一次殴打、伤害多人的。"

（3）刑事责任

尽管大多数校园欺凌事件中欺凌者为未成年人，但部分严重的霸凌行

为仍有可能构成刑事犯罪，其可能涉及的罪名包括：故意伤害罪、故意杀人罪、抢劫罪、寻衅滋事罪等。

《刑法》第十七条规定："已满十六周岁的人犯罪，应当负刑事责任。已满十四周岁不满十六周岁的人，犯故意杀人、故意伤害致人重伤或者死亡、强奸、抢劫、贩卖毒品、放火、爆炸、投放危险物质罪的，应当负刑事责任。"

《中华人民共和国刑法修正案（十一）》下调了未成年人犯罪的法定最低刑事责任年龄。对已满十二周岁不满十四周岁的人，犯故意杀人、故意伤害罪，致人死亡或者以特别残忍手段致人重伤造成严重残疾，情节恶劣，经最高人民检察院核准追诉的，应当负刑事责任。

2. 未成年欺凌者的监护人须承担哪些法律责任

由于实施欺凌的学生本身属于未成年人，《民法典》第十九条、第二十条规定，八周岁以上的未成年人为限制民事行为能力人，不满八周岁的未成年人为无民事行为能力人。

故根据《民法典》第一千一百八十八条的规定："无民事行为能力人、限制民事行为能力人造成他人损害的，由监护人承担侵权责任。监护人尽到监护职责的，可以减轻其侵权责任。有财产的无民事行为能力人、限制民事行为能力人造成他人损害的，从本人财产中支付赔偿费用；不足部分，由监护人赔偿。"

3. 学校如未尽到管理责任，须承担相应的责任

《民法典》第一千二百零一条规定："无民事行为能力人或者限制民事行为能力人在幼儿园、学校或者其他教育机构学习、生活期间，受到幼

儿园、学校或者其他教育机构以外的第三人人身损害的,由第三人承担侵权责任;幼儿园、学校或者其他教育机构未尽到管理职责的,承担相应的补充责任。幼儿园、学校或者其他教育机构承担补充责任后,可以向第三人追偿。"

综上,校园欺凌属于无民事行为能力人或者限制民事行为能力人在学校学习、生活期间,受到学校以外的第三人人身损害的情形。根据上述规定,第三人应承担侵权责任,学校未尽到管理职责的,承担相应的补充责任。

五、写在最后

校园应该是充满爱和温暖的地方,孩子们应该团结友爱,茁壮成长,坚决抵制校园欺凌,家长应告诉孩子既不要做受害者,更不能做欺凌者,携手维护这一方纯净的教育沃土,愿所有孩子都能被温柔以待!

致　谢

感谢以下朋友在本书撰写过程中给予的无私帮助。排名无先后，情谊同深厚。

赵　辉　　刘艳彦　　来庆新　　张馨月　　李　明
高艳芸　　丛玉丽　　李清漪　　鞠文婷　　王宽永

家庭教育指南

武侠小说里的家教功夫

赵毅 陈冲 任同忠 著

大连出版社
DALIAN PUBLISHING HOUSE

© 赵毅 陈冲 任同忠 2025

图书在版编目（CIP）数据

家庭教育指南. 武侠小说里的家教功夫 / 赵毅, 陈冲, 任同忠著. -- 大连 : 大连出版社, 2025.7.
ISBN 978-7-5505-2316-6

Ⅰ. G78-62
中国国家版本馆CIP数据核字第2025DL3829号

前言

当武侠江湖撞上育儿战场：这本书让你秒变带娃"大侠"！

家长们，你是否曾在辅导作业时急得"走火入魔"？在孩子闹情绪时左右为难，如临大敌？别慌！金庸笔下的大侠们早已备好"育儿秘籍"——《家庭教育指南：武侠小说里的家教功夫》横空出世，带你用江湖智慧破解带娃难题，让育儿从"兵荒马乱"变得"游刃有余"！

一、当大侠们化身育儿导师：原著故事里藏着多少宝藏？

本书中的武侠元素是对原著的深度解构与温情转述——从杨过、小龙女的"双剑合璧"看夫妻育儿默契；从黄药师的"琴棋书画"悟全能人才培养。书中的案例让你在重温江湖恩怨时，突然惊觉："原来这招能治我家娃！"

你以为郭靖只是"傻里傻气"？他从"笨小子"到"侠之大者"的逆袭过程，隐藏着激活孩子内驱力的终极密码。你以为小龙女只是"高冷绝情"？她的"悲喜哲学"正是教会孩子管理情绪的"武林秘籍"。你以为张无忌只擅长武功？那化解矛盾的智慧分明是现代家庭沟通的"九阳神功"！

二、四大篇章解锁带娃"武林秘籍"，从青铜到王者只需这一本书！

【第一篇：家教根基】

想让孩子听你说话？段誉的"以情动人"沟通术比"河东狮吼"管用100倍！

想建立家庭规则？张翠山的"情、理、法"组合拳，让孩子在温暖中学会自律，比"虎妈狼爸"更得人心！

想培养孩子的抗挫力？风清扬被误解时的"窝囊"智慧，教会孩子用格局化解委屈，锻造"抗挫金钟罩"！

【第二篇：能力锻造】

孩子学习没动力？虚竹顿悟与郭靖"笨鸟先飞"的故事，告诉你如何点燃孩子内心的"成长小火苗"！

担心孩子受到嘲笑？看郭靖如何用实力"打脸"嘲讽者，教出内心强大的"笑傲少年"！

【第三篇：时代进化】

电子设备成瘾？欧阳锋"走火入魔"的教训，帮你识破"科技陷阱"，让你成为孩子心性的"定海神针"！

想让孩子聪明又全能？黄药师"琴棋书画"跨界修炼之路，揭秘T型人才培养法则，拒绝"死读书"！

【第四篇：智领未来AI育儿经】

在AI时代慌了神？书中独创"人机协作法则"，让AI变身你的"育儿雷达"，而非焦虑来源！

三、为什么说这本书是家长的"锦囊"？

超有趣：别人讲育儿枯燥说教，我们用"江湖恩怨"类比家庭矛盾——孩子抢玩具？这不就像"倚天剑屠龙刀"的江湖之争吗？用孩子听得懂的"武侠语言"沟通，瞬间拉近亲子距离！

超实用：每节都有"育儿招式拆解""实战场景演练"。比如，孩子写作业拖延，家长可以用张无忌"剑意化境"法，教他把"难题"想象成"敌人招式"，分分钟破解！

超有料：从情绪管理到社交力、从学习方法到价值观，你能想到的育儿难题，这里都有"武侠解法"，堪称带娃江湖的百科全书！

四、江湖救急！

现在翻开，你将收获：

☑一套让孩子心服口服的沟通话术（段誉听了想点赞！）

☑一份应对电子产品的"防沉迷秘籍"（欧阳锋看了直摇头：这招比我的毒功还厉害！）

☑一种培养"全能侠士"的成长思维（黄药师看了想收你为徒！）

☑众多跟孩子拉近距离的共同话题（宝贝，今天了解了郭靖的降龙神掌，咱们来比比谁的"抗挫折掌"更厉害！）

五、家长必读的三大理由！

1. **当你累到想"摆烂"时**：翻开书，看杨过、小龙女如何"双剑合璧"闯江湖，瞬间懂了夫妻育儿默契的重要性——原来"猪队友"也能变成"神助攻"！

2. **当孩子叛逆到"油盐不进"时**：看看张翠山如何用"情、理、法"化解矛盾，你会发现：比起"硬碰硬"，"刚柔并济"才是真正的"武林绝学"！

3. **当你焦虑孩子未来时**："侠之大者"郭靖告诉你，比成绩更重要的是孩子的格局与担当——这才是未来江湖的"终极竞争力"！

江湖传言："有人的地方就有江湖，有孩子的地方就有育儿难题。"但在这本书里，所有难题都能化作"招式"，所有焦虑都能炼成"内力"。与其在育儿路上"单打独斗"，不如手握这本"武侠育儿经"，像大侠一样从容破局。毕竟，每个孩子都是降临人间的"少侠"，而你，就是他的"第一任江湖引路人"。

现在就翻开书页，让金庸笔下的大侠们，陪你在带娃江湖里，闯出生机，练出从容，成就属于你和孩子的"传奇故事"！

目录

第一篇　家教根基

第一节　"双剑合璧"　夫妻协作 / 1
　　　　杨过、小龙女"双剑合璧"的当代启示，共造弥补裂痕的双面胶

第二节　望闻问切　代际沟通 / 5
　　　　段誉"以情动人"的沟通秘籍，破译代际鸿沟的密码

第三节　刚柔并济　情理法则 / 14
　　　　张翠山"情、理、法"的现代演绎，构建家庭治理的"金刚盾"

第四节　情真意切　悲喜哲学 / 21
　　　　小龙女做情绪的主人，掌握管理坏心情的灭火器

第五节　笑对风雨　无畏真经 / 30
　　　　风清扬"窝囊"背后的教育智慧，锻造"抗挫金钟罩"

第二篇　能力锻造

第一节　破茧成蝶　自主成长 / 37
　　　　从虚竹顿悟到郭靖的成长，激活孩子内生动力

第二节　融会贯通　九阳神功 / 46
　　　　张无忌"剑意化境"的深度学习法，打通知识"任督二脉"

第三节　妙趣横生　食神攻略 / 55
　　　　黄蓉"美食密码"的当代启示，点燃兴趣的燎原之火

第四节　知行合一　侠客养成 / 61

　　洪七公因材施教的成功经验，锻造实战型未来人才

第五节　家国情怀　靖康秘典 / 69

　　郭靖"侠之大者"的精神传承，构建家族教育的灵魂图腾

第六节　笑傲江湖　不屈真经 / 75

　　"笨"郭靖逆袭启示录，教会孩子用智慧化解嘲讽

第三篇　时代进化

第一节　智控江湖　降龙神掌 / 83

　　欧阳锋"走火入魔"的警示，家庭教育是科技时代的"定海神针"

第二节　侠骨丹心　七怪联盟 / 92

　　江南七怪"侠义精神"的现代诠释，打造社交金库

第三节　全能修炼　东邪秘境 / 101

　　黄药师"琴棋书画"的跨界智慧，培养T型人才

第四节　情窦初开　慧眼识珠 / 113

　　武氏兄弟"爱情扰"的破解之道，守护青春的纯真

第五节　天生我才　标签破咒 / 119

　　慕容复"聪明反被聪明误"的警示，激活多元智能密码

第四篇　智领未来 AI 育儿经

第一节　人机协作的教育新纪元 / 126

　　与 DeepSeek 共舞，开辟全新育儿之路

第二节　数智管理的教育新工具 / 130

　　家庭教育的"数字罗盘"，可视化成长的每一步

附：家庭公约，新时代家庭教育的智慧钥匙 / 136

第一篇　家教根基

第一节　"双剑合璧"　夫妻协作

杨过、小龙女"双剑合璧"的当代启示，共造弥补裂痕的双面胶

在武侠世界里，杨过与小龙女的"双剑合璧"堪称双人剑术中的登峰造极之作。二人一动一静，配合得天衣无缝，无论是面对强敌公孙谷主，还是在江湖的种种挑战中，他们都以绝佳的默契和信任，将对手打得毫无还手之力。这种剑法的精髓，不在于招式的精妙，而在于夫妻二人的心意相通——这正是现代家庭教育中夫妻协作的绝佳隐喻。

在现代家庭中，育儿不再是一个人的战斗，而是夫妻双方的共同责任。如何像杨过与小龙女一样，将"默契配合"运用到家庭教育中，是每个家长都需要思考的问题。以下是具体的操作建议：

核心观点　默契配合

夫妻在教育孩子时，需要"双剑合璧"，既要有规则，又要有关怀。一个负责制定规则，另一个负责陪伴和鼓励，二人相辅相成，才能为孩子

的成长提供坚实的土壤。正如杨过与小龙女的"双剑合璧",一动一静,才能发挥出最大的威力。

方法论 情绪灭火器→角色分工→互相夸赞

① 情绪灭火器

教育孩子时,情绪管理至关重要。夫妻双方很容易在孩子的某个行为上产生分歧,进而引发争吵,这不仅破坏了教育的连贯性,还会让孩子感到困惑和害怕。为了避免这种情况,夫妻双方可以约定一个"情绪灭火器"——一个简单的手势或暗号,提醒对方冷静下来。这种方式不仅能避免夫妻争吵升级,还能让孩子感受到家庭的和谐氛围。

【案例】

牛娃最近迷上了玩游戏,作业总是拖到最后一刻才开始写。这天,爸爸看到牛娃又在沙发上与游戏对手"鏖战",气得火冒三丈,大吼一声:"作业做完了吗?就知道玩游戏!"牛娃被吓得一哆嗦,赶紧说道:"马上写,马上写!"妈妈见状,立刻使出"灭火手势",轻轻拍了拍爸爸的肩膀,示意冷静。爸爸一开始还没反应过来,继续"火力全开",妈妈无奈地笑了笑,说:"你这火势太猛,灭火器都失灵了!"爸爸这才意识到自己情绪失控,赶紧收声,一家人相视而笑,气氛瞬间从剑拔弩张变成了风平浪静。

❷ 角色分工

夫妻双方在家庭教育中各有优势，明确的分工不仅能提高教育效率，还能避免因观点冲突而产生的矛盾。例如，如果妈妈更擅长语文，那就由她辅导孩子的阅读和写作；爸爸逻辑思维强，就负责数学和科学的讲解。分工时，夫妻双方需要达成共识，避免在教育理念上出现分歧。

【案例】

牛娃的语文成绩总是不尽如人意，作文更是让老师头疼。妈妈擅长语文，对文字有着天然的敏感度，于是主动承担起牛娃的语文辅导任务。每天晚上，她都会陪牛娃读半小时书，教他如何写好一篇作文。而爸爸是个程序员，逻辑思维强，于是他负责牛娃数学和科学的讲解。周末，爸爸会带牛娃做数学游戏，还会一起动手做科学小实验。

为了更好地实施分工，夫妻二人还制订了一个详细的"教育计划表"。每周日晚上，他们会坐在一起，根据牛娃的学习情况，安排下一周的学习重点。比如，妈妈会在计划表上标注出下一周需要阅读的书籍和写作练习的主题，爸爸则会列出数学作业的重点和科学实验的步骤。通过这种方式，夫妻二人不仅明确了各自的职责，还能及时了解对方的教育进展，避免出现"教育真空"或"教育重叠"的情况。

有一次，爸爸在计划表上写了一个复杂的数学公式，牛娃看到后，不解地问："爸爸，这是什么呀？"爸爸得意地说："这是下周数学作业的重点，你学会了就能轻松拿满分！"妈妈在一旁忍不住调侃："你这是在写数学公式，还是在画天书呢？"一家人哈哈大笑，气氛轻松愉快。这种分工不仅提高了教育效率，也让家庭氛围更加和谐。

3 互相夸赞

夫妻双方在孩子面前互相尊重和夸赞，不仅能增强彼此的默契，还能为孩子树立良好的榜样。当看到家长互相尊重和支持时，孩子会感受到家庭的温暖和安全感，从而更愿意接受家长的教育。相反，如果家长在孩子面前互相抱怨，孩子可能会对家长的教育失去信任，甚至变得叛逆。

【案例】

过去，牛娃的父母总是互相吐槽。爸爸抱怨妈妈管得太严，牛娃被"管得喘不过气"；妈妈则指责爸爸不管孩子，让牛娃"野性难驯"。结果，牛娃对父母的教育完全不买账，成绩一落千丈。后来，夫妻二人意识到问题的严重性，决定改变。他们开始在孩子面前互相夸赞对方的努力和付出。爸爸说："你妈妈为了你的学习，每天都很辛苦，你要懂事一点。"妈妈也说："你爸爸工作那么忙，还抽时间陪你，真的很不容易。"

为了更好地实施"互相夸赞计划"，夫妻二人还列了一个"夸赞清单"。每天晚上，他们会回顾这一天的教育情况，互相指出对方的优点和付出。比如，爸爸会说："今天你陪牛娃读书的时候，声音特别温柔，就像……就像……"妈妈一脸期待地看着他，爸爸却卡住了，半天没说出下文。牛娃忍不住接话："就像唐僧念紧箍咒一样？"一家人哄堂大笑，气氛轻松又温馨。通过这种方式，夫妻二人不仅增进了彼此的感情，还让孩子感受到了家庭的温暖和安全感。

理论支撑

家庭系统理论：该理论强调家庭是一个相互关联的系统，每个成员的行为和态度都会影响到其他成员。在家庭教育中，夫妻之间的关系质量直接影响到孩子的心理状态和行为表现。当夫妻之间保持高度的默契时，孩子不仅能感受到家庭的温暖和稳定，还能从家长的互动中学习到如何与他人合作和沟通。这种积极的家庭环境，不仅能提升孩子的安全感和自信心，还能促进他们在学业和人际关系中的全面发展。

总结　夫妻的默契，孩子的福气

家长在教育孩子时保持默契，不仅能提升教育效果，还能为孩子营造一个健康的心理环境。这种默契需要夫妻双方共同努力，通过情绪管理、合理分工和互相尊重来实现。当夫妻双方同心协力时，家庭将成为孩子成长的坚实后盾，孩子也会在爱与支持中茁壮成长。夫妻之间的默契不仅能战胜育儿路上的种种挑战，更能为孩子的心灵注入温暖与力量。

第二节　望闻问切　代际沟通

段誉"以情动人"的沟通秘籍，破译代际鸿沟的密码

在金庸的武侠世界里，段誉凭借卓越的"话商"，在江湖中混得风生水起，收获一众好感，化解诸多难题。他的沟通秘籍，放到现代家庭的代际沟通场景中，就是一套超实用的"望闻问切"法则，助力家长跨越代际鸿沟，与孩子建立亲密无间的关系。

核心观点 以情动人，破译代际鸿沟

亲子沟通，绝非简单说教，而是要以情为桥梁，精准洞察孩子的内心世界，打破年龄、观念差异造成的隔阂。就像段誉在江湖中，靠真诚夸赞、贴心交流赢得他人信任，家长也要用爱与耐心，去理解孩子的情绪、想法，实现有效互动。

方法论 望（观察情绪）→ 闻（倾听声音）→ 问（引导话题）→ 切（抓住问题）

❶ 望（观察情绪）

在《天龙八部》中，段誉凭借敏锐的观察力，成为人际交往的高手。在曼陀山庄，王夫人让众人品评茶花。段誉注意到王夫人对茶花极为喜爱，且山庄中茶花品种繁多。他便仔细观察各种茶花的形态、颜色等细节，在众人面前娓娓道来，如数家珍。他的这番表现，让王夫人对他另眼相看。王夫人本是个爱花之人，见段誉对茶花如此了解，且观察入微，自然心生好感。段誉通过对茶花细节的观察与精准描述，成功地在王夫人面前展现了自己的学识和修养，赢得了王夫人的好感，也为自己在江湖中行走减少了一些阻碍，甚至还因此得到了王夫人的帮助和庇护。这种对细节的观察与把握，是段誉在江湖中赢得他人好感的关键。

在现代家庭教育中，段誉的这种善于观察的智慧具有重要的启示意义。当面对孩子的无理要求时，家长若能像段誉一样，先保持冷静，细心观察孩子的情绪状态与需求，便能更好地开启沟通之门。

比如，当家长发现孩子突然变得沉默寡言，放学回家后总是把自己关在房间，不愿与家人交流时，家长可以在孩子走出房间后，自然地递上一杯热饮，轻声询问："最近感觉你好像有心事，愿意和爸爸聊聊吗？不管遇到什么，我们都可以一起想办法。"这样既尊重了孩子的隐私，又用温和的方式传递了关心，让孩子放下防备，慢慢敞开心扉，说出在学习、交友时的困惑。这种基于观察与尊重的沟通，能帮助家长及时了解孩子的心理状态，有效化解亲子矛盾，引导孩子以健康的心态面对成长挑战。

【案例】

随着考试临近，牛娃压力倍增，变得沉默寡言。妈妈发现后，没有直接询问，而是在一个午后轻轻推开他的房门，坐在床边，温柔地问："牛娃，你是不是心里有什么烦恼？"牛娃抬起头，望着妈妈关切的眼神，犹豫了一下，终于说出了自己的焦虑："妈妈，我怕考不好，让您失望。"妈妈没有多说，而是将他拥入怀中，轻声安慰："宝贝，你永远是最棒的。考试只是检验学习的一种方式，不能定义你的一切。无论结果如何，你都是我们的骄傲。"

接下来的日子里，牛娃以平和的心态面对学习。妈妈也一直陪伴在他身边，为他准备可口的饭菜，陪他散步放松。她用温暖的话语和实际行动，给予牛娃支持与鼓励。牛娃不再感到紧张，他发现，当自己与妈妈分享烦恼后，将压力释放出来，世界并没有崩塌，反而变得更加美好。

考试当天，牛娃带着妈妈的鼓励走进考场。他的笔尖在纸上流畅地滑动，每一个答案都仿佛带着自信的光芒。考试结束后，牛娃走出考场，心中充满了前所未有的轻松与释然。

成绩公布的那天，牛娃惊喜地发现自己的努力得到了回报，他考出了

前所未有的好成绩。但更重要的是，通过这次经历，牛娃学会了如何面对焦虑与挑战。他明白了，无论遇到什么困难，只要心中有爱，有信任，就没有什么是不能解决的。而这一切的转变，都源自妈妈那份细腻的观察与温暖的引导——她用持续的关注察觉孩子的情绪暗涌，以沟通打开孩子的心扉，让孩子在被看见的安全感中学会直面压力。这份藏在生活中的观察能力，不仅是亲子间爱的联结，更将成为孩子未来面对风雨时，从心底生长出的勇敢和底气。

2 闻（倾听声音）

在段誉初涉江湖回到大理后，褚万里等老臣对他的行为作风有所担忧，认为他行事过于随性，有失皇家风范。一次，褚万里向段誉进言，言辞颇为恳切，甚至带着一些对段誉以往行为的批评。段誉并没有因为自己的身份而打断褚万里的话，也没有表现出丝毫的不耐烦，而是认真地倾听。他专注地看着褚万里，从褚万里的表情、语气中去感受他的担忧和忠诚。

当褚万里说完后，段誉诚恳地表达了对他的感谢，感谢他的直言进谏，并且表示自己会认真考虑他所说的话。段誉明白褚万里作为老臣，是出于对大理国皇室的忠诚和对自己的关心才会如此直言不讳。他没有因为两人年龄和身份的差异而忽视褚万里的意见，而是以开放的心态去倾听和接纳。通过这样的倾听，段誉不仅赢得了褚万里的尊重，也让其他老臣看到了他作为皇室成员的谦逊和胸怀，有效地维护了皇室与老臣们之间的关系。

在现代家庭的日常生活中，倾听同样是维系亲子关系的重要纽带。当孩子带着一天的见闻与感受回到家中时，家长若能像段誉那般，成为他最耐心的听众，那么家庭便成了孩子最温暖的避风港。

比如，晚餐后，孩子兴奋地分享在学校发生的趣事与成就时，家长可以放下手机与杂务，用全神贯注的倾听去回应孩子的热情。当孩子在成长中遇到困惑与迷茫时，家长可以给予孩子一个倾诉的空间与理解的眼神。在这样的倾听中，孩子会感受到来自家长的无条件支持与关爱，他会更加自信地面对生活中的挑战与机遇。这种基于倾听的家庭教育不仅能够加深亲子间的情感连接，更能够为孩子的成长之路铺上坚实而温暖的基石。

【案例】

牛娃在学校的科技小组中，遇到了与同学合作上的问题。回家后，他向爸爸倾诉。爸爸没有急于发表自己的看法，而是耐心地听牛娃讲述事情的经过，不时点头表示理解。牛娃说完后，爸爸才询问他的想法和感受，引导他自己思考解决问题的方法。在这个过程中，牛娃感受到了爸爸的尊重和理解，也更加愿意主动去解决和同学之间的问题。

3 问（引导话题）

面对鸠摩智前来天龙寺索要六脉神剑剑谱的危机，段誉向枯荣大师请教应对之策时，并没有直接询问"我们该怎么办？"这种宽泛的问题，而是先问："大师，鸠摩智武功高强，且来意不善，他所擅长的火焰刀与六脉神剑相比，优劣如何？"这个问题引导枯荣大师开始分析两种武功的特点和优劣，从而让枯荣大师进入对武功层面的思考中。

接着，段誉又问："我若以现有的功力修炼六脉神剑，能否与鸠摩智一较高下？"这一问题引导枯荣大师进一步思考段誉的武功实力，促使枯

荣大师深入剖析段誉应对强敌的可能性。

通过这样巧妙的提问，段誉引导枯荣大师说出对六脉神剑、鸠摩智武功以及天龙寺应对策略等方面的看法和思考，让枯荣大师在交流中逐渐明晰局势，同时展现出对长辈智慧和经验的尊重。

在现代家庭的亲子沟通中，家长若能借鉴段誉的沟通智慧，便能更好地成为孩子成长道路上的引路人。当孩子在分享自己的经历或感受时，家长不妨像段誉那样，以一个问题作为引子，激发孩子的思考与表达。

比如，当孩子讲述自己在学校遇到的一次挑战时，家长可以先给予鼓励与肯定，然后问："你觉得这次挑战中，你学到了什么？有没有想过下次如何做得更好？"通过这样的提问，家长不仅能够让孩子感受到自己的关注与支持，还能够引导孩子进行深入反思与自我提升。在这种基于引导与启发的沟通中，孩子会逐渐学会如何面对挑战、如何成长进步，这些技能将伴随他们一生，成为他们成长道路上的宝贵财富。

【案例】

牛娃在学习编程时，遇到了一些难题，导致学习进度变慢。妈妈发现后，没有指责他，而是问："牛娃，编程是不是遇到了挑战？能不能和妈妈说说？"这样的提问，让牛娃觉得妈妈是站在他的角度关心他，而不是在批评他。于是，他和妈妈分享了自己在编程中遇到的困难，妈妈也给予了他一些鼓励和建议，帮助他重新找回了学习编程的信心。

❹ 切（抓住问题）

段正淳一生多情，惹下诸多情债，他的多位情人之间产生了许多误会和矛盾，甚至引发了一些江湖纷争。段誉深知这些问题的根源在于段正淳的情感处理方式，于是他找到段正淳，直言不讳地说："爹爹，你一生多情，固然有诸多红颜知己，但也因此让许多人陷入痛苦之中。如今，她们之间矛盾重重，若不妥善解决，恐怕会引发更大的祸端。你可曾想过，该如何面对这些因你而生的问题？"

段誉的这番话直接指出了问题的要害，即段正淳的多情是引发一系列麻烦的根源。接着，他又进一步说道："爹爹，如今之计，你需对每一位女子都坦诚相待，将事情的来龙去脉说清楚，不能再让她们继续误会下去。而且，对于她们的子女，你也应尽到父亲的责任，化解他们之间的仇恨。"

段誉没有回避敏感的问题，而是直接切入主题，让段正淳意识到自己的行为给身边人带来的伤害。段正淳听后，深感愧疚，也开始认真反思自己的行为，并在段誉的建议下，努力去弥补自己犯下的过错，尝试解决这些复杂的情感纠葛和江湖纷争。通过这次沟通，段誉成功地让段正淳认识到问题的严重性，并采取行动去解决问题，实现了有效的沟通，并解决了问题。

段誉的这番话语，展现了他情商之高，令人叹服。他懂得解决江湖恩怨，武力并非最佳手段，真正的智慧在于如何以心交心、以情动情。段誉的沟通方式是基于理解与尊重，他以一种平等、包容的态度，引导段正淳重新审视自己的生活，最终化解了一场家庭危机。这种沟通哲学让段誉在江湖中赢得了无数人的敬仰与钦佩，也为他的武林之路增添了一抹传奇的色彩。

段誉的沟通智慧还蕴含着一种深刻的处世哲学。他明白，家庭关系的和谐，并非靠武力或权势来维系，而是靠彼此的理解与尊重。段誉以他的言行诠释了什么是真正的武林侠士。

在现代家庭的日常生活中，家庭冲突是成长的必修课。当家长面对与

孩子之间的争执或矛盾时，若能像段誉那样，以一种充满智慧与深情的方式去沟通，便能更好地引导孩子成长，维护家庭和谐。

家庭教育是塑造孩子品格的基石，家长在孩子成长过程中扮演着无可替代的角色。家长的言传身教潜移默化影响着孩子的价值观，巧妙的教育方法更是能让品德培养事半功倍。比如，当与孩子产生矛盾时，家长先以平和的态度安抚情绪，引导孩子说出内心的委屈与诉求，再借鉴段誉洞察人心的智慧，敏锐剖析矛盾根源，用充满温情与道理的话语，帮助孩子理解包容与换位思考的意义，让他在相互体谅中感受和谐相处的美好。

除了言传，身教同样重要。家长要用自己的言行影响孩子，让孩子逐渐明白什么是正义，什么是邪恶。比如，在日常生活中，家长可以以身作则，展示出诚实、勇敢、善良的品质，让孩子在潜移默化中受到教育。通过这样的教育方式，家长不仅能够化解与孩子之间的争执，还能够加深与孩子之间的情感联系，培养孩子的同理心和解决问题的能力。这种基于智慧与情感的沟通方式，将成为家庭和谐与幸福的坚实基石。

【案例】

牛娃在学习上一直很优秀，但最近却因为沉迷于一款新的电子游戏，导致作业完成得马虎，学习成绩也有所下滑。爸爸发现后，没有直接禁止他玩游戏，而是和他坐下来聊了聊。爸爸说："牛娃，爸爸知道你很喜欢玩游戏，但最近你的作业和学习好像受到了一些影响。咱们能不能一起制订一个计划，让你既能玩游戏，又不影响学习呢？"牛娃听后，决定和爸爸一起制订一个合理的学习和游戏计划，既满足他的兴趣，又保证学习质量。

理论支撑

1. 马斯洛需求层次理论：该理论指出，人有多种需求，从低到高依次为生理、安全、爱与归属、尊重和自我实现需求。在亲子沟通中，通过"望闻问切"，家长可以更好地满足孩子的尊重需求和自我实现需求。例如，观察孩子的情绪（望），给予关心和理解，满足孩子的情感需求；认真倾听孩子的声音（闻），尊重孩子的想法和感受，让孩子感受到被尊重；巧妙提问引导话题（问），激发孩子的思考和表达，促进孩子的自我成长；抓住问题要害（切），帮助孩子解决问题，实现自我价值。

2. PAC理论：该理论认为，每个人在沟通中都存在三种自我状态，父母状态（P）、成人状态（A）和儿童状态（C）。在亲子沟通中，家长和孩子可能处于不同的状态。例如，当家长处于父母状态时，孩子可能会处于儿童状态或成人状态。有效的沟通需要双方处于合适的沟通状态，如"成人—成人"沟通状态。通过"望闻问切"，家长可以更好地识别孩子的沟通状态，调整自己的沟通状态，实现有效沟通。例如，当孩子处于儿童状态时，家长可以采用更温和、更耐心的方式进行沟通，引导孩子进入成人状态，共同解决问题。

总结 "望闻问切"探心海，科学沟通架心桥

在现代家庭教育中，家长与孩子之间的沟通至关重要。通过借鉴段誉的沟通秘籍，运用"望闻问切"法则，家长可以更好地与孩子建立亲密无间的关系，跨越代际鸿沟。家长观察孩子的情绪，能够及时发现孩子的问题和需求；认真倾听孩子的声音，尊重孩子的想法和感受；巧妙提问引

导话题，激发孩子的思考和表达；抓住问题要害，帮助孩子解决问题。这些方法不仅有助于增进亲子关系，还能促进孩子的健康成长。同时，结合马斯洛需求层次理论和 PAC 理论，我们更加深刻地认识到，良好的沟通对孩子的成长和发展具有重要意义。家长应该积极学习和运用这些沟通技巧，为孩子的成长创造一个充满爱与理解的家庭环境。

第三节　刚柔并济　情理法则

张翠山"情、理、法"的现代演绎，构建家庭治理的"金刚盾"

在《倚天屠龙记》中，张翠山面对殷素素的无理要求，展现出了冷静与理智，他的处理方式蕴含着情、理、法的结合，这为现代家长在构建家庭规则、应对孩子无理取闹时提供了借鉴。

核心观点　情、理、法结合，构建家庭规则

家庭规则的制定并非单纯依靠权威或强制手段，而是要将情、理、法有机结合。情，即关注孩子的情绪和需求，给予孩子关爱和理解；理，是指通过沟通和引导，让孩子明白事情的对错和道理；法，就是明确家庭规则和界限，让孩子知道什么行为是可以接受的，什么界限是不可逾越的。只有这样，家长才能在家庭中建立起和谐、有序的氛围，让孩子养成良好的行为习惯。

方法论 推开心门→设立规则→言传身教→增强同理心→适度惩罚→积极引导

❶ 推开心门

在《倚天屠龙记》中,张翠山和殷素素因俞岱岩受伤而结识。一次,殷素素因误会指责张翠山,他没有被激怒,而是静静倾听。张翠山明白她担心俞岱岩的伤势,便说:"我明白你生气,只因担心岱岩。"殷素素原本紧绷的神情缓和下来,感受到张翠山的真诚,敌意消散了。张翠山的包容和理解,让殷素素看到他的善良,两人关系逐渐升温,共同面对江湖挑战。

当孩子提出无理要求时,家长首先要保持冷静,不要急于否定。比如孩子哭闹着要买玩具,家长可以先蹲下来,看着孩子的眼睛,温柔地问:"宝贝,你真的很想要这个玩具吗?能和妈妈说说为什么这么喜欢它吗?"家长通过这样的方式,让孩子感受到关注和理解,孩子才能愿意和家长进一步沟通。

【案例】

牛娃看到同学们都有很酷的玩具车,他也想要,于是哭闹着让妈妈买。妈妈没有生气,而是耐心地问牛娃为什么想要玩具车。牛娃说大家都有了,他却没有,觉得没面子。妈妈听后,理解了牛娃的感受,然后和牛娃商量:"妈妈知道你很想要这个玩具车,我们可以先把这个玩具车列入你的愿望清单,好不好?"牛娃听了妈妈的话,觉得有道理,就不再哭闹了。

❷ 设立规则

在金庸的武侠世界里，各门各派都有严明的规矩，约束着弟子们的言行举止。张翠山身为武当派弟子，始终坚守门派的规矩与武林道义。他深知，自己的一举一动不仅关乎个人，更代表着武当派的声誉。在《倚天屠龙记》中，面对殷素素的误解与指责，张翠山没有冲动反驳，而是选择理解她的感受，以平和的态度化解矛盾，展现出武当弟子的自律与修养。这种对规矩和道义的坚守，不仅让他在江湖中赢得了尊重，也彰显了武当派尊师重道、维护师门荣誉的价值观。

家庭中也需要设立明确的规则。例如，规定孩子每天看电视的时间不能超过一个小时；吃饭前要洗手；不能随意打断别人说话等。家长可以和孩子一起商量制定这些规则，让孩子明白规则的重要性，并自觉遵守。当孩子违反规则时，家长要及时指出并给予相应的惩罚，如取消当天的娱乐时间等，让孩子明白规则是不可随意违反的。

【案例】

牛娃吃饭的时候总是喜欢看电视，导致吃饭速度很慢，还经常把饭菜撒得到处都是。妈妈决定设立规则，规定吃饭的时候不能看电视，要专心吃饭。刚开始牛娃不习惯，总是忍不住想看电视。妈妈就耐心地提醒他："吃饭的时候看电视会影响消化，不利于身体健康。我们先专心吃饭，吃完饭后再看电视，好吗？"慢慢地，牛娃养成了专心吃饭的好习惯。

❸ 言传身教

张翠山在与殷素素的相处中，用自己的言行潜移默化地影响着殷素素。

张翠山没有因为殷素素的出身而歧视她，反而用理解和包容去感化她。张翠山深知，江湖中的正邪之分并非绝对，一个人的行为和选择才是判断其善恶的关键。张翠山用自己的善良和正直，让殷素素逐渐明白什么是正义，什么是邪恶。在张翠山的影响下，殷素素开始改变，她从一个杀人不眨眼的魔教女子，逐渐变得温柔善良。她在怀孕后，变得更加仁善，不忍心再杀生。这种改变，正是张翠山价值观和道德观的传递，让殷素素逐渐向善。

家长是孩子的第一任老师，要时刻注意自己的言行举止，为孩子树立良好的榜样。同时，家长可以通过给孩子讲故事、播放动画片等方式，对孩子进行品德教育，比如给孩子讲一些关于诚实、勇敢、善良的故事，让孩子在潜移默化中受到教育，明白什么是好的品质，什么是不好的行为。

【案例】

牛娃在公园看到一位老人提着重物蹒跚前行，袋子突然裂开，水果滚落在地。他起初站在一旁好奇观望，妈妈见状立刻走上前，一边蹲下帮老人捡拾水果，一边对牛娃说："宝贝，我们一起帮爷爷把水果捡起来吧！"牛娃愣了愣，随即也蹲下身快速捡起滚远的苹果。待整理好袋子后，妈妈才温和地问牛娃："你刚才看到爷爷着急的样子了吗？年纪大的人提重物很容易累，我们搭把手就能让他少辛苦一些。"牛娃点点头，主动对老人说："爷爷，以后您提不动东西可以叫我帮忙！"老人笑着夸他懂事，牛娃的脸上也露出了自豪的笑容。

4 增强同理心

张翠山与殷素素因俞岱岩而结识。面对殷素素的误解与指责，张翠山没有冲动反驳，而是站在她的角度去思考问题，展现出同理心。他理解殷

素素的愤怒背后是对朋友的担忧和内心的不安,因此用温和的语气安慰她,解除了误会。这种理解和包容,不仅缓和了两人之间的关系,还让殷素素感受到了他的善良和正直,为后续的相处奠定了基础。

家长要培养孩子的同理心,让孩子学会站在别人的立场去思考问题。例如,当孩子和小伙伴发生矛盾时,家长可以引导孩子换位思考:"如果你是你的小伙伴,你会有什么感受呢?你希望别人怎么对待你呢?"这样的引导可以让孩子学会理解别人的行为,从而更好地与他人相处。

【案例】

牛娃和小伙伴一起玩游戏,小伙伴不小心把牛娃的玩具弄坏了。牛娃很生气,想要打小伙伴。妈妈及时制止了牛娃,问他:"如果你把别人的玩具弄坏了,你会有什么感受呢?你希望别人怎么对待你呢?"牛娃想了想,说:"我会很愧疚,希望别人可以原谅我,我不是故意的。"妈妈说:"那你也应该理解小伙伴,他不是故意弄坏你的玩具。我们让他向你道歉,并且一起想办法修理玩具或者赔给你一个新的玩具,好不好?"牛娃听了妈妈的话,不再生气了,接受了小伙伴的道歉。

5 适度惩罚

在金庸的武侠世界里,门派对违反门规的弟子会给予惩罚,目的是让其认识到错误并改正。《射雕英雄传》里,郭靖多次因鲁莽行为被师父洪七公惩罚,如让他面壁思过,使其学会审慎行事。黄药师也因郭靖的某些行为让他经历磨难,但这些都出于对他的关爱,助其成长。这些惩罚让郭靖逐渐成熟,终成一代大侠。

【案例】

牛娃因为贪玩没有完成作业，还谎称自己已经做完了。妈妈发现后，没有大发雷霆，而是对牛娃说："牛娃，你没有完成作业还撒谎，这是不对的。妈妈很失望。作为惩罚，你今天不能看电视，也不能玩玩具，要在房间里反思自己的行为并把作业补上，明天还要向老师承认错误。"牛娃听了妈妈的话，意识到自己的错误，乖乖地在房间里补作业、反思，并且第二天主动向老师承认了错误。

6 积极引导

张翠山面对殷素素的偏执，用行动诠释何为担当——他每日照料重伤的俞岱岩毫无怨言，夜半为殷素素守夜御寒。见殷素素因天鹰教往事烦躁，他轻叹："素素，孩子若见你终日与旧怨纠缠，该如何学处世之道？"这话如一道惊雷。当殷素素下意识要发毒针时，张翠山握住她手腕："且慢，想想无忌的眼睛。"张翠山这般春风化雨，终将殷素素骨子里的戾气，一点点变成护儿的月光。

家长要积极引导孩子，让孩子明白什么是对的，什么是错的。当孩子提出无理要求时，家长不要直接拒绝，而是要引导孩子思考其他更好的解决办法。例如，孩子想要买一个很贵的玩具，家长可以引导孩子："这个玩具确实很酷，但是它的价格有点高。我们可以想想其他办法，比如你可以将零花钱慢慢攒起来，再来买这个玩具，或者我们可以一起做一个手工玩具，这样既有意义又省钱，你觉得怎么样？"家长通过这样的引导，可以让孩子学会从多个角度思考问题，培养孩子的创造力和解决问题的能力。

【案例】

牛娃看到一个很漂亮的风筝，想要买，但是价格很贵。妈妈没有直接拒绝牛娃，而是引导他："这个风筝确实很漂亮，但是价格有点高。我们可以想想其他办法，比如我们可以自己做一个风筝，这样既省钱又有意义。你不是很喜欢手工制作吗？我们可以一起找一些材料，做一个属于自己的风筝，好不好？"牛娃听了妈妈的话，觉得很有意思，就和妈妈一起做了一个风筝。在这个过程中，牛娃不仅学会了手工制作，还明白了不能随意浪费钱的道理。

理论支撑

行为主义理论：该理论认为，人的行为是可以通过环境刺激和强化来塑造的。在家庭教育中，家长可以通过设立规则、给予奖励和惩罚等方式来塑造孩子的行为。例如，当孩子遵守家庭规则时，家长可以给予表扬和奖励，让孩子感受到遵守规则的好处，从而逐渐养成良好的行为习惯；当孩子违反家庭规则时，家长要给予适度的惩罚，让孩子认识到自己的错误，从而改正。

总 结　情、理、法并融立心矩，身教为镜育德根

在家庭教育中，家长要像张翠山一样，通过情、理、法结合的方式，构建家庭规则，应对孩子的无理取闹。推开心门、设立规则、言传身教、增强同理心、适度惩罚和积极引导等方法，可以让孩子在充满爱的家庭环境中健康成长。同时，结合行为主义理论和社会学习理论等，家长要注重自己的言行举止，为孩子树立良好的榜样，引导孩子养成良好的行为习惯和品德。这样，孩子才能在未来的生活中更好地适应社会，成为一个有责任感、有爱心、有道德的人。

第四节 情真意切 悲喜哲学

小龙女做情绪的主人，掌握管理坏心情的灭火器

在金庸的武侠世界里，小龙女以其独特的情感表达和情绪管理方式，展现了悲喜哲学的深刻内涵。她直率、果断，忠于自己的内心，不随波逐流。她的故事为现代家庭中的情绪教育提供了宝贵的启示，帮助孩子学会做情绪的主人。

核心观点 悲喜哲学，做情绪的主人

悲喜哲学强调对情绪的深刻理解和接纳，让孩子学会面对生活中的喜怒哀乐，不被情绪左右，成为情绪的主人。通过关注情绪、表达感受、调节情绪、承认不完美和支持自我表达等方法，孩子可以更好地管理自己的情绪，培养健康的心理素质和积极的人生态度。

方法论 关注情绪→表达感受→调节情绪→承认不完美→支持自我表达

❶ 关注情绪

在《神雕侠侣》中，黄蓉察觉到杨过和小龙女的神色变化，意识到他们的情绪波动。她及时沟通，试图缓解紧张的气氛。这表明，关注情绪是处理问题的前提。

家长要时刻关注孩子的情绪变化，通过观察孩子的表情、语气和行为，了解他们的情绪状态。例如，当孩子回家后情绪低落，家长可以温柔地询问："宝贝，今天在学校发生了什么事吗？你看起来有点不开心。"通过关注孩子的情绪，家长可以及时发现问题，给予孩子关心和支持。

【案例】

牛娃背着书包，脚步沉重地踏进家门。往日里那活泼欢快的身影，今日像被乌云笼罩，小脸蛋上写满了委屈与低落。妈妈正在厨房忙碌，却敏锐地捕捉到了这不同寻常的氛围。她摘下围裙，轻轻走到牛娃身边，蹲下身子，目光温柔地注视着孩子的眼睛，轻声细语地问道："宝贝，今天在学校是不是遇到了什么状况？你的眉头都皱成小山丘啦，愿意和妈妈说一说吗？"

牛娃的眼眶瞬间泛红，低垂着头，手指不安地绞着衣角，声音里带着一丝颤抖："老师……今天批评我了，我觉得好难过。"

妈妈的心被轻轻揪了一下，但她没有立即给出解决方案，而是先用双臂环抱住牛娃，给予他温暖的拥抱，将这份无言的支持先传递给孩子。随后，妈妈轻抚着牛娃的背，温柔地说："妈妈能感受到你的难过，被批评确实会让人心里不舒服。但你知道吗？老师批评你，是因为他关心你，希望你能变得更好。就像小树苗需要园丁修剪枝叶才能茁壮成长一样。来，我们一起坐下来，慢慢说说具体是怎么回事，然后想想我们该如何努力，让明天比今天更好，好吗？"

在妈妈的耐心引导下，牛娃逐渐打开了心扉，详细讲述了事情的经过。妈妈用心地倾听和适时地提问，不仅帮助牛娃梳理了情绪，还一起探讨出了改进的方法，让这次的小挫折，变成了成长的垫脚石。

❷ 表达感受

小龙女在面对郭靖和黄蓉的提议时,毫不犹豫地表达了自己的感受和决定:"我只想做过儿的妻子,他不可能娶你们的女儿。"她的直率和果断,展现了她对情感的坦诚和勇敢。

家长应鼓励孩子勇敢地表达自己的感受,让他们知道自己的情绪是被重视的。例如,当孩子在学校受到委屈时,家长可以引导他们说出来:"你可以和妈妈说说,发生了什么事,妈妈会理解你的。"通过表达感受,孩子可以释放内心的压力,获得家长的理解和支持。

【案例】

夕阳的余晖洒在回家的路上,牛娃踢着小石子,一脸闷闷不乐。刚一进家门,妈妈就察觉到了他低落的情绪,连忙放下手中的家务,温柔地招呼牛娃坐下:"宝贝,看起来你今天遇到了不开心的事情,愿意和妈妈说说吗?"

牛娃犹豫了一下,但看到妈妈那充满鼓励的眼神,还是打开了话匣子:"我和小明吵架了,他……他抢了我的玩具,还说我小气。"说到激动处,牛娃的小脸涨得通红,眼眶里闪烁着泪花。

妈妈没有打断牛娃,而是耐心地倾听,偶尔点头表示理解。等牛娃说完,妈妈轻轻握住他的手,认真地说:"宝贝,能把自己的感受说出来,你已经很勇敢了。有时候直接告诉对方我们的感受,比憋在心里更有助于解决问题。你可以试着对小明说:'小明,当你抢走我的玩具时,我感到很生气和伤心,因为那是我很珍惜的东西。我希望我们以后能好好分享,而不是用抢的方式,好吗?'"

牛娃眨巴着大眼睛,似乎若有所思。妈妈继续鼓励道:"沟通就像一座桥梁,能让我们的心靠得更近。明天,你可以试着用妈妈教你的方法,和小明好好谈谈,我相信你们一定能化解这个小矛盾的。"

第二天,牛娃鼓起勇气,按照妈妈的话去找小明。起初,小明还有些别扭,但听到牛娃真诚地表达了自己的感受后,小明也意识到了自己的错误,两人握手言和,还约定以后一起玩玩具,轮流当"守护者"。

这次经历不仅让牛娃学会了如何有效地表达自己的情感,更重要的是,让他体会到了沟通的力量——它像一把钥匙,能够打开心结,让友谊之花更加灿烂。而这一切的背后,是妈妈无尽的耐心与恰当的引导,让牛娃在成长的路上,又多了一份宝贵的财富。

3 调节情绪

小龙女在面对困境时,能够保持冷静和理智,通过自己的方式调节情绪。她在绝情谷底独自生活,虽然孤独,但依然坚持自己的信念,最终等到了杨过的到来。

家长可以教孩子调节自己的情绪,让他们掌握一些简单的调节情绪的方法。例如,当孩子生气时,家长可以教他们深呼吸、数数或者做一些自己喜欢的事情来调解情绪:"当你生气的时候,可以试着深呼吸几次,让自己冷静下来。"通过调节情绪,孩子可以更好地控制自己的情绪,避免情绪失控。

【案例】

比赛结束的那一刻,牛娃的世界仿佛失去了色彩。他低垂着头,手中的参赛作品似乎也变得沉重无比,每一步都踏得异常艰难。回到家,他把自己关在房间里，泪水在眼眶里打转，心情沉重得如同灌满了铅。

妈妈轻轻推开门，看到牛娃那落寞的背影，心中不禁泛起一阵涟漪。她走到牛娃身边，没有立即开口安慰，而是静静地坐下，给了他一个温暖的拥抱。片刻后，妈妈温柔地说："宝贝，妈妈知道你现在很难过，但失败并不是终点，而是成长路上的一块垫脚石。来，妈妈教你几个小妙招，让心情快点好起来。"

妈妈拉着牛娃的手，引导他闭上眼睛，深吸一口气，然后慢慢呼出，"当你感到难过的时候，深呼吸几次，让心灵得到片刻的宁静。"妈妈的声音如同春风般拂过牛娃的心田，仿佛所有的烦恼都随着那几口气被释放了出去。

接着，妈妈又提议道："我们去跑步，让身体动起来，汗水会带走所有的不快。"牛娃半信半疑地跟着妈妈来到公园，开始慢跑起来。起初，他的步伐还有些沉重，但渐渐地，随着呼吸的调整和身体的舒展，他的心情也开始变得轻松起来。

跑完后，牛娃坐在草地上，望着夕阳的余晖，心中涌起一股莫名的力量。他明白了，失败并不可怕，可怕的是失去面对失败的勇气。妈妈教他的这些调节情绪的方法，就像是一把钥匙，打开了他心中的那扇门，让他学会了如何以更加积极的心态去面对生活中的挫折。

从那以后，每当遇到困难和挫折，牛娃都会想起妈妈的那句话："深呼吸，放轻松，然后勇敢地继续前行。"他学会了在逆境中寻找成长的机会，用积极的心态去拥抱每一次挑战。而这一切的起点，都是那个比赛失败的下午，妈妈给予他的那份无私的爱与恰当的引导。

❹ 承认不完美

小龙女和杨过的爱情经历了许多波折,他们也都有自己的缺点和不足。但他们能够接受自己的不完美,勇敢地面对困难,最终走到了一起。

家长应让孩子明白,每个人都有不完美的地方,包括他们自己。家长可以分享自己的经历,告诉孩子:"妈妈也有做错事的时候,每个人都会犯错,重要的是要勇敢面对,从中吸取教训。"通过承认不完美,孩子可以更加自信地面对自己的缺点,学会宽容和接纳自己。

【案例】

在学习的征途上,牛娃的成绩像是一艘在风浪中颠簸的小船,迟迟靠不了岸。每当夜深人静,他望着那些似乎永远也解不开的难题,心中便涌起一阵阵挫败感,仿佛被一片浓雾笼罩,找不到前行的方向。

妈妈察觉到了牛娃的变化,那个曾经活泼开朗的孩子,如今眼中却常含忧郁。一个周末的午后,妈妈轻轻推开牛娃的房门,坐在了他的身边。她没有立即提及学习,而是温柔地说:"宝贝,妈妈想和你分享一个小秘密。你知道吗?每个人都有不完美的地方,就像天上的星星,虽然有的光芒万丈,有的微光闪烁,但每一颗都是独一无二的。"

牛娃抬起头,疑惑地看着妈妈。妈妈继续说:"成绩不好,并不代表你不够好。它只是告诉我们,也许在某个知识点上,我们还需要更多的时间和努力去探索。重要的是,我们要有勇气去面对这些不足,努力去改进。记住,妈妈永远是你最坚强的后盾,无论遇到什么困难,我们都会一起面对。"

妈妈的话像是一缕阳光,穿透了牛娃心中的那片迷雾。他不再把成绩看作是衡量自己价值的唯一标准，而是开始以一种更加平和的心态去面对学习中的挑战。他制订了详细的学习计划，每天放学后，都会主动复习当天的内容，遇到不懂的问题，也不再逃避，而是勇敢地向老师请教，向同学学习。

渐渐地，牛娃发现，那些曾经让他望而却步的难题，在他的坚持和努力下，竟然变得不再那么可怕。他的成绩也开始像芝麻开花般节节攀升。每一次的进步，都让他更加坚信，只要努力，就没有什么是不可能的。

更重要的是，牛娃学会了如何面对自己的不足，他明白了，承认不完美，并不是一种失败，而是一种成长。他变得更加自信，更加乐观，因为他知道，无论未来遇到什么困难，只要心中有光，脚下就有路。他学会了在成长的路上，如何以一颗坚韧不拔的心，去拥抱每一次挑战。

5 支持自我表达

小龙女一直坚持自己的选择，勇敢地表达自己的想法和感受。她的自我表达，让她在面对外界压力时，依然能够坚持自己的立场。

家长要支持孩子的自我表达，尊重他们的想法和感受。例如，当孩子对某个问题有自己的看法时，家长可以认真倾听，并给予肯定："你的想法很有道理，妈妈很欣赏你能独立思考。"通过支持自我表达，孩子可以更加自信地表达自己，养成独立思考的能力。

【案例】

牛娃家中有一条规则，如同一道无形的墙——每晚八点，全家必须进入"静音模式"，为第二天的活力充电。然而，这条规则在牛娃心中，却悄然埋下了一颗想要改变的种子。

牛娃热爱星空，每当夜幕降临，他总是渴望能多拥有一些时间，去探索那片浩瀚无垠的宇宙。于是，在一个星光璀璨的夜晚，他鼓起勇气，向妈妈表达了自己的想法："妈妈，我知道'静音模式'是为了让我好好休息，但能不能稍微调整一下时间？我真的很想多观察一会儿星星，它们就像天空的小秘密，等着我去发现。"

妈妈没有立即回应，而是认真地看着牛娃，眼中闪烁着鼓励的光芒。她示意牛娃坐下，然后温柔地说："宝贝，你能勇敢地说出自己的想法，妈妈很高兴。每个人都有表达自己观点的权利，你的声音很重要。"

接着，妈妈认真倾听了牛娃对于星空的热爱和对规则调整的具体建议。她思考片刻后，微笑着说："你的想法很有道理。其实，妈妈制定这条规则的初衷，也是希望我们能更好地休息，以便有更充沛的精力去探索世界。既然你这么热爱星空，那我们不妨试着调整一下规则，比如，在天气好的夜晚，我们可以把'静音模式'推迟半小时，让你有更多时间去追寻你的星空梦想。"

牛娃的眼睛瞬间亮了起来，他没想到妈妈会如此支持自己的想法。从那以后，每当夜幕降临，牛娃都会更加珍惜那额外的半小时，他的望远镜成了连接他与星空秘密的桥梁。更重要的是，这次经历让牛娃深刻感受到了自我表达的价值，他变得更加自信，更加愿意分享自己的想法和感受。

妈妈的那份尊重与支持，就像夜空中最亮的星，照亮了牛娃成长的路。他学会了在追求梦想的路上勇敢发声，因为每一个声音，都值得被听见，每一份热爱，都值得被尊重。而这一切的起点，都是那个星光璀璨的夜晚，妈妈给予他的那份理解与支持，让他在未来的日子里，无论遇到什么挑战，都能勇敢地表达自我，追寻心中的光。

理论支撑

1.情绪智力理论：该理论认为，情绪智力是影响人生成就的重要因素之一。情绪智力包括自我觉察、自我调节、社交技能等方面。家长通过关注情绪、表达感受、调节情绪等方法，可以提高孩子的情绪智力，帮助他们在未来的生活和工作中更好地应对各种挑战。

2.人本主义心理学：人本主义心理学强调人的自我实现和成长。每个孩子都有自己的独特性和潜力，家长要尊重孩子的个性，支持他们的自我表达，帮助他们实现自我价值。通过承认不完美和支持自我表达，孩子可以更加自信地面对自己的缺点和不足，努力实现自己的目标。

总 结　悲喜交融塑心志，情商共育绘人生

在现代家庭教育中，情绪教育是不可或缺的一部分。通过借鉴小龙女的悲喜哲学，家长可以帮助孩子学会做情绪的主人，鼓励他们勇敢地表达自己的感受，教他们学会调节情绪，引导他们承认自己的不完美，支持他们的自我表达。这些方法不仅对孩子的心理健康大有益处，还能培养他们积极的人生态度和良好的人际关系。结合情绪智力理论和人本主义心理学等理论，家长要重视情绪教育，为孩子的成长提供一个充满爱和支持的家庭环境，让孩子在面对生活中的喜怒哀乐时，能够从容应对，成为情绪的主人。

第五节　笑对风雨　无畏真经

风清扬"窝囊"背后的教育智慧，锻造"抗挫金钟罩"

在金庸的武侠世界里，风清扬虽武功高强，却因性格问题选择避世，不愿面对江湖纷争。他的故事让我们看到，即使拥有强大的本领，如果缺乏面对困难和挫折的勇气，也难以真正实现自己的价值。在现代社会，孩子也面临着各种挑战和困难，培养他们的逆商，让他们具备抗挫能力，成为家长的重要任务。

核心观点　逆商培养，锻造抗挫能力

逆商，即面对逆境时的心理韧性和恢复能力，对孩子的成长至关重要。拥有较高逆商的孩子，能够在面对困难时保持乐观，积极寻找解决办法，而不轻易放弃。通过培养孩子的逆商，我们可以帮助他们锻造强大的抗挫能力，让他们在未来的生活中更加勇敢地面对各种挑战。

方法论　笑容充电→点赞魔法→靠山稳稳→打怪升级→解谜特训→弹簧修炼

❶ 笑容充电

在《笑傲江湖》中，令狐冲虽然经历了许多磨难，但始终保持着乐观

的心态。他在面对困境时的豁达和开朗,让他能够在逆境中不断成长。例如,令狐冲在被师父岳不群误解,甚至被逐出师门后,并没有因此而一蹶不振。他依然保持着乐观的心态,继续在江湖中闯荡,最终成为一代大侠。这种乐观的心态,不仅让他在困境中保持了清晰的头脑,还让他积极地去寻找解决问题的方法。

家长要培养孩子积极乐观的心态,让他们相信困难只是暂时的,只要努力就能克服。例如,当孩子考试没考好时,家长可以说:"一次考试不能代表什么,重要的是从错误中学习,下次一定会更好。"家长还可以通过讲述一些名人故事,如爱迪生发明电灯的故事,让孩子明白成功需要经历多次失败,只有保持乐观,困难才有可能被克服。

【案例】

牛娃考试没考好,心情低落。妈妈发现后,和牛娃聊起了令狐冲的故事:"令狐冲在面对各种困难时,总是保持着乐观的心态。一次考试没考好没什么大不了,重要的是从错误中学习,下次一定会更好。"妈妈还给牛娃讲了爱迪生发明电灯的故事,让他明白成功需要经历多次失败。牛娃听后,心情好了很多,决定以乐观的心态面对学习中的困难。

❷ 点赞魔法

风清扬对令狐冲的鼓励,让他在学习独孤九剑的过程中更加自信。虽然风清扬后来选择不再与华山派的人见面,但他对令狐冲的鼓励和支持,对令狐冲的成长却起到了重要作用。例如,风清扬曾对令狐冲说:"冲儿,你资质过人,只要努力练习,将来必成大器。"这句话让令狐冲在学习剑法的过程中更加自信,也更加努力。

家长的鼓励是孩子面对困难时的动力。当孩子在学习或生活中遇到挫折时，家长要及时给予鼓励，让他们感受到父母的支持。例如，在孩子参加比赛时，家长可以在旁边加油助威，大声喊出："加油，宝贝，你是最棒的！"比赛结束后，无论结果如何，家长都要给予孩子肯定和鼓励，让孩子感受到自己的努力得到了认可。

【案例】

牛娃参加学校的运动会，报名参加了长跑比赛。在比赛过程中，牛娃一度想要放弃，但爸爸在终点为他加油助威："加油，牛娃！你是最棒的！"爸爸还举着写有"牛娃加油"的牌子，让牛娃感受到爸爸的支持。在爸爸的鼓励下，牛娃坚持跑完了全程，虽然没有拿到第一名，但他感受到了自己的力量，变得更加自信了。

3 及时补给

在令狐冲遇到困难时，风清扬虽然不能直接帮助他，但通过传授剑法，为他提供了应对困难的技能。例如，令狐冲在面对强大的敌人时，风清扬传授的独孤九剑让他能够应对自如。风清扬不仅传授令狐冲剑法，还教会了他如何在战斗中保持冷静，如何发现敌人的破绽，这些技能让令狐冲在江湖中立足。

家长要为孩子提供必要的支持，帮助他们更好地应对困难。这些支持包括为孩子提供良好的学习环境、丰富的学习资源，以及在孩子需要时给予帮助。例如，当孩子在学习上遇到难题时，家长可以和孩子一起查阅资料，帮助他们解决问题。如果孩子对某个学科不感兴趣，家长可以为孩子报名参加相关的兴趣班或辅导班，激发孩子的学习兴趣。

【案例】

牛娃在学习数学时遇到了困难,妈妈发现后,为他购买了一些数学学习资料,并和他一起学习。妈妈还为牛娃报名参加了数学兴趣班,让他在兴趣班中学习到更多的数学知识。在妈妈的支持下,牛娃的数学成绩逐渐提高,他对学习也更加有信心了。

❹ 打怪升级

令狐冲在面对各种挑战时,虽然有时会感到迷茫和无助,但在风清扬的引导下,他逐渐学会了面对挫折,不断成长。例如,令狐冲在被师父误解时,风清扬告诉他:"江湖中人,难免会遇到误解和挫折,重要的是要保持自己的信念,继续前行。"这句话让令狐冲在面对挫折时,能够保持坚定的信念,不被困难打倒。

家长要引导孩子正确面对挫折,让他们明白挫折是成长的一部分。当孩子遇到挫折时,家长可以和孩子一起分析原因,找到解决问题的方法。例如,当孩子在与朋友相处中遇到矛盾时,家长可以引导孩子思考自己的行为,让孩子学会与他人沟通和相处。家长可以问孩子:"你觉得这件事你做得对吗?如果你是你的朋友,你会有什么感受?"这样的引导能让孩子学会换位思考,理解他人。

【案例】

牛娃在和小伙伴玩耍时,发生了矛盾,小伙伴不再理他。牛娃很伤心,妈妈发现后,和他一起分析了原因:"当与他人发生矛盾的时候,重要的是要学会解决。你可以主动与小伙伴好好沟通,相信你们会和好如初的。"妈妈还教了牛娃一些沟通技巧,比如,如何表达自己的感受,如何倾听他

人的意见。在妈妈的引导下，牛娃主动与小伙伴沟通，两人又成了好朋友。

❺ 解谜特训

令狐冲在学习独孤九剑的过程中，通过不断地练习和思考，逐渐掌握了高超的剑法，能够应对各种复杂的局面。例如，令狐冲在面对不同的敌人时，能够根据敌人的特点，灵活运用独孤九剑的招式，找到解决问题的方法。这种解决问题的能力，让他在江湖中屡战屡胜。

家长要注重培养孩子解决问题的能力，让他们在面对困难时能够独立思考，找到解决办法。例如，当孩子在做作业时遇到难题，家长可以引导孩子思考，尝试不同的方法，直到找到答案。家长可以问孩子："你觉得这道题可以用什么方法来解决？你试试这样做，看看能不能行？"这样的引导，可以让孩子学会独立思考，培养孩子解决问题的能力。

【案例】

牛娃在做一道数学题时，遇到了难题，怎么也解不出来。妈妈没有直接告诉他答案，而是引导他："我们可以先从已知条件入手，一步步分析，看看能不能找到解题的突破口。"妈妈还教了牛娃一些解题技巧，如画图、列方程等。在妈妈的引导下，牛娃经过反复思考和尝试，终于解出了这道题，他感到非常高兴，也学会了如何解决问题。

❻ 弹簧修炼

令狐冲在经历了无数的磨难后，心理韧性得到了极大的增强。他能够在面对各种困难和挑战时，保持坚定的信念，不断前进。例如，令狐冲在被师父误解、被逐出师门后，依然能够保持乐观的心态，继续在江湖中闯荡。

这种心理韧性让他在面对更大的困难时，也能够从容应对。

家长要帮助孩子增强心理韧性，让他们在面对挫折时能够快速恢复，继续努力。家长可以通过鼓励孩子参加各种挑战性的活动，如体育比赛、户外探险等，让他们在实践中锻炼自己的心理素质。例如，家长可以带孩子去爬山，让孩子在爬山的过程中体验困难和挑战，在登顶时感受成功的喜悦。在爬山的过程中，家长可以鼓励孩子："加油，宝贝，你一定能爬到山顶的！"当孩子爬到山顶时，家长可以和孩子一起欣赏风景，让孩子感受到自己的努力得到了回报。

【案例】

牛娃参加了学校的篮球比赛，在比赛中，他们队一直处于落后状态。牛娃有些沮丧，但爸爸鼓励他："比赛还没有结束，只要我们不放弃，就有可能翻盘。"爸爸还给牛娃讲了一些篮球比赛中的经典逆转故事，让他明白比赛不到最后一刻，一切都有可能。在爸爸的鼓励下，牛娃和队友们继续努力，在比赛的最后时刻实现了逆转，赢得了比赛。通过这次经历，牛娃的心理韧性增强了，他明白了只要不放弃，就有可能成功。

理论支撑

1. 挫折教育理论：该理论认为，挫折是孩子成长过程中不可避免的一部分，挫折教育可以培养孩子的抗挫能力和逆商。家长要让孩子在面对挫折时，学会正确应对，从中吸取经验教训，不断成长。该理论强调，家长要为孩子创造适当的挫折情境，让孩子在挫折中锻炼自己，提高抗挫能力。

2. 自我效能感理论：该理论强调，个体对自己能力的信念会影响其行为和成就。培养孩子的逆商，可以提高他们的自我效能感，让他们相信自

己有能力应对各种困难和挑战，从而更加自信地面对生活。家长要通过鼓励和支持，帮助孩子建立自信，提高自我效能感。

总 结 砺心铸志培逆商，笑闯天涯展锋芒

在现代家庭教育中，培养孩子的逆商至关重要。通过保持乐观、给予鼓励、提供支持、引导面对挫折、培养解决问题能力和增强心理韧性等方法，我们可以帮助孩子锻造强大的抗挫能力，让他们在未来的生活中更加勇敢地面对各种挑战。结合风清扬的教育智慧和现代家庭中的逆商培养案例，家长要注重培养孩子的逆商，让孩子在面对困难时，能够像令狐冲一样，保持乐观，勇敢前行，实现自己的人生价值，成为笑对风雨的小超人。

第二篇　能力锻造

第一节　破茧成蝶　自主成长

从虚竹顿悟到郭靖的成长，激活孩子内生动力

在金庸的武侠世界里，虚竹与郭靖皆历经非凡成长，从寂寂无闻逐步达到大侠之境，这一过程为现代家庭教育带来诸多启示。

虚竹初现于江湖时，胆小怯懦，面对慕容复与丁春秋的纷争，他显得十分局促不安，却因机缘巧合身负绝世内功，命运迎来转折。他为了鼓起勇气承担责任，迈出了性格转变的关键一步，此后在江湖历险中不断挑战自我，终成一代侠客。郭靖则在死里逃生后，受到点拨，明白自身进展缓慢或许非智力不足，而是教与学的方法有误，马钰道长不仅传授他武功，更助力他树立自信，由此郭靖开启成长之路。

现代家庭教育之中，家长恰似助力幼虫破茧的微风、滋养幼苗成长的甘霖，孩子成长需家长引导，要为孩子寻得专属的"武功秘籍"，助其挣脱胆小束缚，长出自信翅膀。

核心观点 从顿悟到成长，激活内生动力

孩子的成长是漫长旅程，充满挑战与机遇，家长要借鉴虚竹和郭靖的成长经验，激活孩子内生动力，助力孩子如破茧之蝶，实现自主成长。

方法论 找到胆小密码→装满安心能量→插上勇气翅膀→成功灌满竹节→交出方法钥匙→树起榜样标杆→贴近倾听情绪→搭建成功桥梁→独立闯江湖→必要时请高人

❶ 找到胆小密码

虚竹的胆小源于他成长于少林寺，生活单纯，缺乏对江湖险恶的认知；郭靖则因成长在蒙古草原，接触的多是草原上的汉子，对中原武林了解不多，且江南七怪的教导方式也未能充分挖掘他的潜力。他们的胆小并非天生，而是成长环境和教育方式的局限所致。

在现代家庭中，孩子胆小可能源于多种因素，如家庭氛围、学校环境、过往经历等。家长需要细心观察孩子的行为表现，与孩子进行有效的沟通，了解他们内心真正的恐惧和不安。例如，有些孩子可能因为被公开批评而害怕发言，有些孩子则可能因为性格内向而不敢主动与人交往。

【案例】

牛娃在学校时，每次集体活动都躲在角落，不敢参与。妈妈通过与老师沟通并与牛娃耐心交流，发现牛娃害怕在众人面前出错被嘲笑。于是，妈妈针对这个原因，开始帮助牛娃克服胆小。妈妈会每天花半小时和牛娃一起看一些关于儿童演讲的视频，让牛娃观察其他小朋友是如何在众人面前表达自己的。同时，妈妈还在家里模拟学校的场景，和牛娃一起做游戏，让牛娃逐渐适应在模拟环境中表达自己。经过一段时间的努力，牛娃终于敢于在学校的集体活动中举手发言了。学校的老师也对牛娃的变化感到惊喜。牛娃从最初的害羞不敢说话，到后来主动参与小组讨论，甚至在全校的活动中也能自信地展示自己。妈妈看到牛娃的进步，内心充满了欣慰和成就感。

❷ 装满安心能量

虚竹在面对困境时，总能得到高人的帮助与指导，天山童姥虽严厉，但在关键时刻会给予他保护；郭靖在成长过程中，有师父们的教导和保护，如马钰道长的悉心传授，让他在江湖中有了依靠。

家长要成为孩子的避风港，当孩子面对恐惧时，给予他们温暖的拥抱和贴心的安慰，让孩子知道无论何时家长都是他们坚强的后盾。例如，当孩子遇到挫折或失败时，家长应给予理解和支持，而不是责备。

【案例】

牛娃第一次参加钢琴比赛，上台前紧张得发抖，妈妈温柔地握住他的手，告诉他："不管结果如何，妈妈都为你骄傲，我们一起来享受这个过程吧。"在妈妈的鼓励下，牛娃逐渐放松下来，完成了比赛。比赛结束后，无论成绩如何，妈妈都会给牛娃一个大大的拥抱，并带他去吃他最喜欢的美食，让他感受到妈妈的爱和支持。即使牛娃在比赛中出现了小失误，妈妈也不会责备他，而是鼓励他下次继续努力。这让他明白比赛的结果并不是最重要的，重要的是他勇敢地迈出了这一步。

③ 插上勇气翅膀

虚竹初涉江湖时，尽管内心恐惧，但在师命难违的情况下，逐渐开始尝试接触江湖事务。如在与天山童姥的相处中，他逐渐学会应对各种突发状况；郭靖在马钰道长的鼓励下，开始尝试新的学习方法，如练习更高级的武功秘籍。

家长可从简单事情入手，鼓励孩子尝试新事物，不断累积成功经验，让孩子逐步建立自信。例如，鼓励孩子参加新的兴趣班，或尝试与新同学交流。

【案例】

牛娃对绘画感兴趣，但不敢在众人面前展示自己的作品。在社区绘画活动中，牛娃一开始只是默默地在角落里画画，不敢让别人看到他的作品。爸爸看到后，主动走过去和牛娃一起画画，并鼓励牛娃向其他小朋友展示自己的作品。在爸爸的鼓励下，牛娃终于鼓起勇气，向其他小朋友展示了自己的画作，并得到了大家的赞赏。牛娃的画作还被选中在社区的展览区展示，这让他感到非常自豪和自信。从此以后，牛娃不仅在绘画活动中更加积极，还在其他场合主动展示自己的才艺。

④ 成功灌满竹节

虚竹在每一次成功挑战后，都会得到相应的肯定与奖励，如在击败鸠摩智后，他得到了江湖人士的赞誉；郭靖每次习武进步，都得到师父的认可，如洪七公对他的夸奖，不断"灌满竹节"，激励他持续奋进。

家长要及时肯定孩子的每一次成功尝试，让孩子感受到成就感，从而激励他们继续前进。例如，当孩子完成了一项任务或取得了一点进步，家长要及时给予表扬和奖励。

【案例】

牛娃在数学考试中取得了进步，妈妈在家庭会议上表扬了他，并奖励他一本喜欢的课外书，激励他在学习上继续努力。妈妈还会把牛娃的试卷贴在冰箱上，让全家人都看到牛娃的进步。每次有亲戚朋友来家里做客，妈妈都会骄傲地向他们展示牛娃的试卷，并鼓励牛娃继续努力，取得更好的成绩。牛娃看到自己的努力得到了家人的认可，内心充满了动力。他在学习上更加用心，每次遇到难题时，都会想起妈妈的表扬和奖励，这让他更有信心去克服困难。

5 交出方法钥匙

马钰道长不仅教郭靖武功，更教会他自信和为人之道，如教导他如何在江湖中辨别是非、如何与人交往；虚竹从天山童姥那里学到了逍遥派的武功精髓和应对江湖险恶的方法。

家长不仅要关注结果，更要教会孩子方法，让孩子掌握解决问题的技能。例如，教孩子如何制订学习计划、如何处理人际关系等。

【案例】

牛娃在做科学实验时总是出错，爸爸没有直接告诉他答案，而是和他一起分析实验步骤，教他如何找出问题所在，最终牛娃学会了独立解决问题的方法。爸爸还会和牛娃一起做实验，引导牛娃思考每一步的原因和结果，让牛娃逐渐掌握了实验的技巧和方法。在一次学校组织的科学实验比赛中，牛娃凭借自己掌握的实验方法，顺利完成了一个复杂的实验项目，

获得了老师和同学们的赞赏。这不仅让牛娃在科学学习上更加自信，也让他明白了掌握方法的重要性。

❻ 树起榜样标杆

郭靖的师父们以自己的行为为他树立了榜样，如洪七公的侠义精神激励着郭靖；虚竹的师兄弟们以自己的武德和行为影响着他。

家长的言行举止对孩子影响深远，要以身作则，展现积极面对挑战、克服困难的态度。例如，家长在工作中遇到困难时，表现出坚持不懈的精神，孩子会受到影响。

【案例】

牛娃的爸爸在工作中，项目遇到了难题，但他没有放弃，每天加班研究解决方案。牛娃看到爸爸的努力，学会了面对困难不退缩，开始主动挑战一些有难度的任务。牛娃的爸爸还会在周末的时候，和牛娃分享自己在工作中遇到的困难和解决方法，鼓励牛娃在学习中也要像爸爸一样坚持不懈。牛娃在学习中遇到难题时，会想起爸爸在工作中的努力，这激励他在学习上也坚持不懈，努力寻找解决问题的方法。

❼ 耐心倾听情绪

在金庸的武侠世界里，一些师父会倾听徒弟的心声，了解他们的困惑和想法，如郭靖在成长过程中，他的师父们会耐心倾听他的疑问，并给予指导。

家长须耐心倾听，理解孩子的情绪，给予情感支持，让孩子感受到被尊重、被理解，从而更愿意打开心扉与家长交流。

【案例】

牛娃因为和同学闹矛盾而情绪低落，妈妈没有急于询问原因，而是陪他散步，让他慢慢说出自己的烦恼。在妈妈的倾听下，牛娃逐渐释怀，并找到了解决矛盾的方法。妈妈还会在散步的过程中，和牛娃分享自己小时候和朋友相处的故事，让牛娃明白朋友之间有小矛盾是很正常的，重要的是要学会沟通和解决。通过这次交流，牛娃不仅解决了和同学之间的矛盾，还学会了如何更好地与朋友相处，这让他在人际交往中更加自信和成熟。

8 搭建成功桥梁

虚竹和郭靖都因高人创造的机会而不断成长，如虚竹被天山童姥带入江湖，郭靖被洪七公收为徒弟，这些机会让他们有了更广阔的舞台去锻炼。

家长应为孩子创造展示自我、锻炼能力的机会，如参加社团活动、社会实践等，让他们在实践中锻炼成长。

【案例】

牛娃的学校组织了环保志愿者活动，妈妈鼓励他参加。在活动中，牛娃不仅锻炼了自己的组织能力，还结交了许多新朋友。牛娃在活动前还主动查阅了关于环保的知识，准备了一些环保小贴士，在活动中和其他小朋友一起分享，得到了老师和同学们的赞赏。通过这次活动，牛娃不仅提高了自己的环保意识，还学会了如何与团队成员合作，如何更好地组织和完成一项任务，这为他在未来的学习和生活中积累了宝贵的经验。

❾ 独立闯江湖

虚竹和郭靖在成长到一定阶段后，都开始独自面对江湖的挑战，如虚竹独自应对鸠摩智，郭靖独自守护襄阳城，这些挑战使他们的独立自主能力得到了提升。

在孩子具备一定能力后，家长要学会放手，让孩子独立去面对属于他们的"江湖"，培养他们的独立自主能力。

【案例】

牛娃在小学毕业后，妈妈让他自己整理书包、安排学习时间，培养他的独立性。在初中时，牛娃已经能够很好地管理自己的学习和生活。牛娃的妈妈还会在周末的时候，让牛娃自己安排一天的活动，包括学习、运动和娱乐，让牛娃学会合理安排时间。牛娃在独立管理学习和生活的过程中，逐渐养成了良好的习惯。他能够自主地完成作业，合理地安排学习时间，还学会了如何在紧张的学习中找到属于自己的放松方式。这让他在学习上更加高效，也更加自信。

❿ 必要时请高人

虚竹和郭靖在成长的过程中，遇到自身难以克服的困难时，会寻求高人的帮助，如虚竹向天山童姥请教，郭靖向洪七公求教。

家长如果自身力量有限，无法有效帮助孩子解决问题时，要懂得寻求专业人士帮助，为孩子提供专业的指导。

【案例】

牛娃在学习英语时，发音一直不标准，妈妈请了一位专业的英语老师对他进行一对一辅导，帮助他纠正发音。在辅导过程中，英语老师不仅纠正了牛娃的发音，还教了牛娃一些发音的小技巧和练习方法，让牛娃的英语发音有了很大的提升。通过专业的辅导，牛娃在英语学习上取得了显著的进步，他在学校的英语演讲比赛中获得了优异的成绩，这不仅提高了他的英语水平，也增强了他在公众场合表达自己的信心。

理论支撑

1. 自我效能理论：该理论认为个体自我效能感影响行为表现和动机。在亲子沟通中，家长可观察孩子的表现给予鼓励，增强自信心；倾听孩子想法，缓解紧张情绪；引导孩子思考克服胆小的方法，激发内生动力；帮助孩子制订尝试计划，提升自我效能感。同时，家长要给予正向确认，如肯定表扬，让孩子感受进步和能力提升，增强自信心和勇气。

2. 马斯洛的需求层次理论：该理论指出，人有多种需求，从低到高依次为生理、安全、爱与归属、尊重和自我实现需求。在亲子沟通中，家长可通过多种方式满足孩子的尊重和自我实现需求，帮助其克服胆小。例如，当孩子取得进步时，家长及时给予认可和鼓励，让孩子意识到自己的努力和成就，从而更有信心和动力去克服胆小，以追求自我实现。

总 结 解怯密码筑胆魄，自主破茧舞江湖

孩子的成长充满挑战与机遇，家长要借鉴虚竹和郭靖的成长经验，运用找到胆小密码、给予安全感、鼓励尝试等方法，激活孩子内生动力。在这些方法助力下，孩子如同破茧之蝶，挣脱胆小束缚，逐渐增强自信力，向着自主成长的目标迈进，最终在人生的江湖中绽放光芒，实现从"怯竹"到"自信竹"的完美蜕变。

第二节　融会贯通　九阳神功

张无忌"剑意化境"的深度学习法，打通知识"任督二脉"

在《倚天屠龙记》中，张无忌与方东白的剑术对决是一场精彩绝伦的较量。张无忌剑法刚柔并济，内力与剑招完美融合，轻松压制倚天剑的锋芒。这一场景中的"剑招"如同孩子每日面对的学习任务，例如一道题、一篇课文、一张卷子，清晰可见且可练习。但真正的关键在于背后的"剑意"，即学习的方法与思维。孩子若只知死记硬背，学习效率堪忧，唯有掌握适合自己的学习方法，方能将书本知识化为己用，轻松应对难题。

在家庭教育中，家长应注重培养孩子的学习方法，而非单纯强调死记硬背。

核心观点　"剑意化境"，打通知识"任督二脉"

在家庭教育中，家长应注重培养孩子的学习方法和思维能力，而不仅仅是关注学习任务的完成。以张无忌的"剑意化境"为启发，家长可以引导孩子理解学习的本质和内在逻辑，掌握有效的学习方法，从而提高学习的效率和质量。

张无忌在练剑过程中，不仅关注具体的剑招，更注重剑意的领悟和运用，使剑法达到化境。同样，孩子在学习中，若能掌握学习方法，理解知识的内在联系，就能将不同学科、不同领域的知识融会贯通，形成系统的认知体系，实现学习能力的全面提升。

方法论 一个靶子，设定目标→一个闹钟，时间管理→变则通，主动学习→几个篮子，分散学习→思维导图，深度加工→自知之明，自我测试→感官联通，多感官学习→一心一意，避免多任务→三省吾身，反思调整

❶ 一个靶子，设定目标

张无忌初学剑法时，面对众多招式，心中迷茫，不知从何练起。其师点拨："练剑先明意，意定招自来。"张无忌顿悟，先在心中勾勒剑意轮廓，再逐步精研招式，终有所成。这启示家长要帮助孩子设定目标，为学习找准方向。

【案例】

牛娃的语文老师布置了一篇作文，题目为"我的梦想"。他随便写了"长大后想当富豪"，还加了句："因为有钱就可以每天吃炸鸡了！"妈妈看完差点乐出声，但没笑话他，而是问："你知道成为富豪需要做些什么吗？"牛娃一脸茫然："嗯……买彩票？"妈妈摇头笑道："光想不行，得有个靶子！比如先学会管理零花钱，再学好数学，再了解理财知识。"于是，妈妈和牛娃一起设定了"阶段性靶子"：先记录支出，再学会存钱，最后扎实学数学。牛娃越听越来劲，还主动改了作文结尾："我要从管好零花钱开始，向富豪的梦想迈进！"

❷ 一个闹钟，时间管理

张无忌鏖战光明顶时，初以刚猛内力对敌，却如强弩之末渐露颓势，

直至悟得太极剑意精髓，方知高手过招不在蛮力而在韵律——攻如惊雷乍现，守似云絮绕指，内力收放间自有一番天地。育儿亦同此理，孩童若只知昼夜苦读，必陷"精力枯竭"之境。家长当授以"时间太极"三步：以"番茄钟"丈量时间，将课业拆解为招式模块，张弛间暗合阴阳之道；以思维导图打通知识"经脉"，让公式定理如真气般周天循环；以错题秘籍留存破敌心法，使每道坎坷皆成登云梯。如此方能在求学江湖中，以四两拨千斤之智，破应试迷局，成学海巨擘。

【案例】

牛娃为了期末考试，每天埋头刷题，效率却越来越低，整个人看起来像被题海淹没的可怜小船。妈妈见状，拿出厨房里的计时器，笑着说："咱试试番茄工作法吧！"牛娃一脸茫然："煮鸡蛋用的？"妈妈解释道："先设25分钟专心学习，接着休息5分钟，这样脑袋既能专注又能放松，效率可翻倍！"牛娃半信半疑地试了，结果发现真有效！25分钟专注得连门外的狗叫都听不见，5分钟的休息时间，他吃个零食、伸个懒腰，感觉又满血复活。几轮下来，牛娃的刷题速度飞快，效率也稳步提升。他感叹："原来学习也能像吃西瓜，一口一口吃得又快又甜！"谁能想到，厨房里的"小番茄"竟成了他学习的"超级助攻"！

3 变则通，主动学习

张无忌初习太极剑时，每日晨昏定省苦练招式，虽得张三丰亲传，却始终未能领悟"剑意"精髓，剑光滞涩如泥沼困龙。直至光明顶恶战，面对六大派高手的生死压迫，他陡然摒弃师父教的"起手式"，将九阳神功的绵密内力融入剑锋流转，竟在剑光闪烁间悟出"圆转如意"之道——敌强我柔如春风化雨，敌弱我强似惊雷掣电。此番蜕变恰应了武学至理：真传不在口诀而在火候，高手不在招式而在变通。

【案例】

牛娃上课时总是一副"我是谁，我在哪儿"的迷茫样，老师讲得深入浅出，他却像在听催眠曲。一天，班里组织了小组讨论，大家围成一圈，你一言我一语，讨论得热火朝天。牛娃本想继续当个安静的旁听者，结果小组长突然点名："牛娃，你怎么看？"他一慌，只能硬着头皮开口："呃，我觉得，可能是这样吧……"大家听后纷纷补充："对，这个思路不错！""再结合这个点会更清楚！"讨论越来越深入，牛娃的脑子也开始转了起来，他忍不住接着说："那是不是还可以这么理解，我认为……"竟然越说越有感觉。他明白了学习可不是看戏，得卷起袖子上台才有意思！于是，牛娃开始主动提问、做笔记，把自己从"睡眠因子"变成了"活跃分子"。他说："原来讨论学习，就像多人组队打怪，头脑风暴比一个人闷头瞎琢磨有趣多了！而且讨论问题，知识点一下就记住了！"从那以后，牛娃不仅学习成绩噌噌上涨，还成了小组里的"点子王"，从被动"打瞌睡"变成了主动"带节奏"的学习达人！

❹ 几个篮子，分散学习

张无忌初获九阳真经时，年少气盛，日夜盘坐崖顶强冲穴道，哪知真气如野马脱缰，在体内横冲直撞，未及月余便呕血昏厥。幸得张三丰点拨："真经如熔炉，内力需如精铁反复煅烧。"自此他改弦易辙，将修炼拆解为"子午卯酉"四时段：晨光初透时引气归元，正午日盛时淬炼阳脉，暮色四合时调和阴阳，月上中天时沉淀丹田。这般"文火慢炖"，真气渐如春蚕吐丝，

经络中流淌的已是精纯醇厚的内力。

【案例】

牛娃期末考试前，试图一晚上记住整本书的内容，结果三页后就忘了第一页，最后还趴在书上睡着了。第二天，他跑去问班里的"学神"小华，小华却笑着说："记忆这事儿不能当暴发户，得分批来，像腌咸菜，多次泡，味儿才能进去。"牛娃听了觉得有道理，于是每天分几次复习，早上背单词，下午看笔记，晚上温习重点。没多久，他发现那些费劲的知识点居然像黏住一样，挥都挥不掉。考试那天，他自信满满，最终考了全班第三。从那之后，他成了"多次复习派"的忠实拥护者，还逢人就推广自己的"腌咸菜"理论，帮助了不少同学，堪称班级的学习"腌菜专家"。

5 思维导图，深度加工

张无忌闭关参悟太极剑时，初时强行记忆招式次序，剑锋总带滞涩。直至月余后静夜观星，他忽将剑招拆解为"起承转合"四组，以剑意为丝线将三百六十式重新组合。只见他的长剑如游龙，每一式衔接处真气畅通，方知武学真谛不在招式而在"气脉贯通"。

【案例】

牛娃上课时学到"地球自转导致昼夜交替"，脑袋里全是问号："地球转来转去关我什么事？还昼夜交替，谁看得见？"放学回家，他玩陀螺时忽然灵光一闪："哎，这不就像地球转着转着，白天晚上轮着来吗？"这么一联想，新知识立刻跟玩陀螺挂上了钩。第二天，老师提问这个问题，牛娃自信满满举手："地球就是个超级陀螺，转着转着就昼夜交替了！"班里哄堂大笑，老师却大加赞赏："很形象的比喻！"从此，牛娃变身"联想小天才"，把知识点一个个融入到生活中，电流像水流、分数像蛋糕，边学边玩，轻松掌握原本头疼的难题，学习也成了他的乐趣。

❻ 自知之明，自我测试

张无忌闭关参悟太极剑时，每日黎明必执木剑与岩壁"过招"。初时剑气凌乱如骤雨，三日后渐能看清岩纹走势；又过七日，竟能从石屑飞溅中窥见玄机。待出关与六大派高手切磋，方知先前"壁间拆招"已悄然重塑剑意——每道剑痕都是与自己对战的印记，每次真气回环都在修补招式罅隙。

【案例】

牛娃最近因为背历史头疼得直抓脑袋，妈妈看在眼里，灵机一动："咱们来玩个'谁是历史大赢家'！"牛娃兴致勃勃地出题考妈妈："妈，秦始皇统一六国是哪一年？"妈妈答得干脆："公元前221年！"妈妈反过来考牛娃，结果牛娃结结巴巴，答案都忘了个精光。妈妈告诉牛娃，每次的提问就像给脑子开了一扇窗，透了风，记忆就更清晰了。后来，这成了他们家每天的固定环节，历史知识在牛娃脑袋里越来越清楚，他也成了同学们羡慕的"历史小天才"。定期自测不仅让他巩固了记忆，还发现了自己的弱项，让学习更高效。

❼ 感官联通，多感官学习

张无忌初学太极剑时，不满足于照猫画虎学招式。他眼观师父运剑轨迹，指尖凝气摹刻风痕，耳中细辨剑气破空之声，甚至以舌尖抵住上颚捕捉真气流转的韵律。这般以"五感练剑"的奇法，竟在月余间悟出"沾衣

十八跌"的化劲法——剑锋未至，气劲已封敌退路。

【案例】

牛娃最近学地理快学崩溃了，面对那些国家名字和首都，他脑袋直冒烟。妈妈看他急得团团转，灵机一动，递给他一张世界地图，说："试试新招！一边看地图，一边听这些国家的特色音乐，再用橡皮泥捏出它们的形状！"牛娃一开始还有点嫌麻烦，但没捏几下就体会到了乐趣。他捏出意大利的"靴子"，还跟着音乐哼起了《意大利波尔卡》，顺手标出了罗马的位置。晚上，爸爸突然考他："意大利的首都在哪儿？"牛娃神采飞扬地答道："罗马！就在靴子顶端！"爸爸妈妈笑得前仰后合，牛娃也得意地发现，这样学东西不仅不痛苦，记得还特别牢。从那以后，他的学习变成了"全感官模式"：眼睛看、耳朵听、手上动，全方位开工。

8 一心一意，避免多任务

张无忌初涉武学，贪多嚼不烂地兼修七伤拳、武当绵掌、少林罗汉拳，每日寅时练拳脚，卯时背口诀，辰时又强记穴位图。这般"多任务修炼"，内力未增反在经脉中横冲直撞，月余下来竟连最基础的绕指柔剑都使不出三招。直至张三丰以枯枝点醒："剑道如渊，须以神念为烛，一照到底。"张无忌豁然开朗，转而专攻太极剑，晨昏定省揣摩阴阳鱼转圜之意，待将黏字诀练到"飞蝇不落"之境，再触类旁通其他武学，方知专注之力如聚光镜，能将零散内力融成灼目剑芒。

【案例】

牛娃曾经是个"多任务小超人"，写作业时一边听音乐，一边刷短视频，还不忘嚼薯片、踩健身球。他得意地对妈妈说："看我，一心多用，效率高得很！"妈妈笑着设计了一次挑战："那你背《出师表》时拧瓶盖，还得把遥控器递给你爸，试试你多任务处理有多厉害。"牛娃上阵不到一分钟，背书结结巴巴，瓶盖拧不开，遥控器更是找不着。他终于崩溃："这也太难了吧！"妈妈拍了拍他的脑袋："这就是分心的下场！专注一件事，效率才是真高。"牛娃听后，改掉了"杂技写作业"的习惯，专心致志地完成任务，发现速度快了，效果也更好。从那天起，他明白了专注才是提高效率的王道，成了名副其实的"专注小达人"。

❾ 三省吾身，反思调整

张无忌闭关参悟太极剑时，每日子夜必对镜挥剑三百式。镜中人影交错间，他忽见自己剑锋总滞于"云手"转圜处，细思原是丹田吐纳与手腕抖劲未合天地呼吸。自此他携羊皮卷记录每次剑气偏斜的角度，在观星台上借北斗轨迹推演剑意轨迹，终将"如封似闭"一式练至风雨不透。这般"镜鉴自修"，恰似铸剑师反复淬炼剑脊，让招式在自我审视中褪去杂质。

【案例】

牛娃最近觉得学习像在迷宫里乱转，怎么都走不出去。他郁闷地问妈妈："我是不是太笨了？"妈妈笑着拉他进厨房："来，炒个鸡蛋。"牛娃手忙脚乱，不是炒煳了就是咸得发苦，最后无奈地说："我果然啥都学不会！"妈妈拍拍他的肩膀："笨什么！你炒不好，是因为没找对方法。学习也一样，先看看问题在哪儿，改进方法再努力，就能事半功倍。"牛娃恍然大悟，开始定期反思自己的学习方法，发现问题就调整，不再一味埋头苦学。没多久，他的成绩像火候掌握得当的炒鸡蛋一样，渐渐变得"香喷喷"。现在，牛娃笑着说："方法对了，迷宫也变成直路了！"

理论支撑

自我效能理论：美国心理学家阿尔伯特·班杜拉提出，个体自我效能感影响行为表现和动机。在家庭教育中，家长可借鉴张无忌的"剑意化境"，引导孩子掌握学习方法，增强自信心。具体来说，家长可观察孩子的表现给予鼓励，肯定其努力和进步，增强自信心；倾听孩子的想法，理解其学习困难，缓解紧张情绪；引导孩子思考克服困难的方法，激发内生动力；帮助孩子制订学习计划，提升自我效能感。同时，给予正向确认，如肯定表扬，让孩子感受进步和能力，增强自信心和勇气。

总 结　剑意通脉融学海，智驭长风踏云天

以张无忌"剑意化境"为喻的家庭教育，旨在培养孩子驾驭知识的能力，使他们能够融会贯通，灵活运用所学。家长在这一过程中，应注重培养孩子的学习方法和思维能力，引导他们理解知识的内在联系，从而打通知识的"任督二脉"。同时，家长可借助自我效能理论，增强孩子的自信心和学习动力。家长通过设定目标、时间管理、主动学习、分散学习、构建知识体系、自我测试、多感官学习、避免多任务干扰、反思调整等具体实践，为孩子打造坚实的学习基础。在家庭教育的道路上，家长与孩子携手共进，助力孩子在知识的海洋中乘风破浪，驶向成功的彼岸。

第三节　妙趣横生　食神攻略

黄蓉"美食密码"的当代启示，点燃兴趣的燎原之火

在《射雕英雄传》中，黄蓉凭借对洪七公美食偏好的精准把握，用简单的家常菜成功吸引了他的注意。这不仅满足了洪七公对美食的追求，更体现了黄蓉在与人相处中的智慧——懂得用对方喜欢的方式去建立联系，从而达到心灵的共鸣。在现代社会中，无论是亲子关系、朋友交往还是职场沟通，了解并利用对方的兴趣点进行交流，就如同黄蓉用美食打开洪七公的心门一样，能让我们与他人的关系更加融洽，合作更加顺畅。

核心观点　美食密码，点燃兴趣之火

在家庭教育中，黄蓉的"美食密码"同样具有重要的启示意义。孩子的兴趣爱好是他们成长过程中的重要部分，家长如果能够敏锐地捕捉到孩子的兴趣点，并以此为切入点进行教育和沟通，往往能够事半功倍。例如，孩子对美食感兴趣，家长可以借此机会教孩子营养知识、食品安全等；孩子喜欢绘画，家长可以引导孩子学习色彩搭配、构图技巧等。通过这种方式，家长不仅能与孩子建立深厚的联系，还能在互动中不断加深彼此的感情，让每一次交流都充满温暖和愉悦。

方法论　以优为镜→洞察兴趣→巧施奖励→长期投资→铸就热爱

1 以优为镜

每个孩子的身上都藏着属于自己的"闪光点",只是有些被埋没了,有些甚至因为长期被打击而黯淡无光。家长就得有黄蓉那样的"火眼金睛",敏锐地发现这些"好",再用它们引导孩子在相应的领域发光发热。

【案例】

牛娃成绩不算拔尖,但特别喜欢帮爸妈做家务,扫地、拖地、叠衣服,一样样做得井井有条。可是每次考试,他总是垂头丧气地回家,怕被训。有一天,妈妈一反常态,对他说:"牛娃,你在家里的表现特别有责任感,像你这么细心又负责的人,学习上只要多用一点心,肯定也能很棒!"牛娃愣了一下,原本低着的头慢慢抬了起来,脸上竟然露出了笑意。从那天起,他写作业时比以前更认真了,因为他觉得:"我能把地扫干净,学习也没问题。"

2 洞察兴趣

学习对于很多孩子来说,就像翻越一座座"陡峭的高山",尤其是到了高年级,压力倍增,题目越来越难,孩子很容易累到想"罢工"。这时候,家长得像黄蓉"投洪七公所好"那样,找到孩子感兴趣的点,让他们重新燃起对学习的热情。

【案例】

牛娃成绩一般,但拼积木却是一把好手,几千块的积木两三天就能搞定,还能建出个"迷你长城"。可是老师总和家长抱怨:"牛娃课堂上注意力不集中,心思老是不在学习上。"妈妈刚开始也着急,天天训他:"你花那么多时间拼这些积木，怎么不花点心思在作业上？"结果牛娃一听就炸了："我喜欢拼积木，不喜欢做作业！"沟通直接陷入死胡同。后来爸爸出手了，他没急着批评，而是拿起牛娃的积木，饶有兴趣地夸赞道："这拼得挺棒啊！这么复杂的东西，得算好角度和结构吧？我看你这逻辑思维能力肯定不错！"牛娃有点得意地说："是啊，我觉得特别有意思！"爸爸顺势补了一句："既然你这么有研究，咱不如试试从数学题里找点类似的挑战？我觉得你肯定行！"牛娃半信半疑地答应了，没过几天，他竟然主动拿起数学题练了起来，还越做越起劲。爸爸从牛娃的兴趣点入手，把"拼积木高手"的应用迁移到学习中。这样一来，牛娃渐渐觉得学习不再是"被逼着翻高山"，而是"自选的挑战"。孩子眼里有了光，身上有了劲，家长也终于松口气："这招真管用！"

3 巧施奖励

在《射雕英雄传》中，黄蓉用几道家常菜成功吸引洪七公，不仅因其对美食的热爱，更源于黄蓉懂得用对方喜欢的方式沟通，进而建立联系，达成心灵共鸣。现代社会中，这种智慧依然适用。以亲子关系为例，孩子完成作业后，家长可根据孩子喜好给予奖励，如孩子喜欢美食，就带他去吃；喜欢玩具，就送个小礼物。这种奖励能激发孩子积极性，让他们更愿意主动完成任务。

【案例】

牛娃这次数学考试从50分"惊天大逆袭"到60分，心里又喜又怕，毕竟刚刚及格，拿着试卷回家像捧着个炸弹。他本以为分数这么低肯定会挨妈妈一顿训，结果妈妈看了试卷后，居然笑了："哎哟，进步了10分啊！

这可是不得了的进步！"牛娃当场愣住，心想："妈妈今天怎么这么温柔？"还没等他反应过来，妈妈接着说："你这么努力，咱们得奖励一下，这周末带你去看电影，挑你最喜欢的那部！"牛娃听得一愣一愣的，嘴上说着"我也没多努力"，心里却早已乐开了花："看来认真还是有点用的！"周末看完电影，妈妈又在路上语重心长地说："这次分数提升很棒，但我更开心的是看到你学习态度变了，只要继续这样，下次肯定能更棒！"这话说得牛娃心里暖烘烘的，回到家后，他破天荒主动拿起了数学书，暗暗发誓："再努力点，说不定下次能考个70分！"你看，这就是奖励的魔力。

4 长期投资

投其所好，可不是"一锤子买卖"，而是一场需要耐心和智慧的"长期投资"。你看黄蓉对洪七公，绝不是做一盘菜就完事了，而是变着花样地端美食，一点点把洪七公的胃抓牢，感情也越抓越深。家长教育孩子，也得学学黄蓉这套"持久战"的本事，在孩子的兴趣上持续"加注"，让兴趣从三分钟热度慢慢变成生活的习惯，最终进化成热爱。

【案例】

牛娃从小就爱看星星，晚上常常搬个小板凳坐阳台上发呆，妈妈开始还吐槽他："你天天盯着星空，不怕脖子看歪了？"可爸爸看出了门道，跑去书店买了一本《星空漫游指南》，对牛娃说："星空这么大，你要是能看明白，那就厉害了！"牛娃一听，眼睛顿时亮了，捧着书看得津津有味。后来，爸爸又带他去天文馆，牛娃像进了宝藏堆，围着望远镜不肯走，问东问西："为什么星星不会掉下来？""那是猎户座吗？"回家后，他更是吵着要买一架望远镜，爸爸顺势支持："行啊，咱们还可以每天记录看到了什么星座！"从那天起，牛娃每天准时"执勤"，认真观星写笔记，兴趣越来越浓，还主动查资料、学习天文学知识，学习劲头比以前玩游戏还足。

5 铸就热爱

在《射雕英雄传》中，黄蓉凭借对洪七公的敏锐洞察力，成功赢得了洪七公的青睐。她深知这位江湖大侠对美食的热爱，于是精心烹制几道家常菜。这个行为看似平常，却饱含着她的心意与巧思，瞬间俘获了洪七公的心。黄蓉巧妙地以美食为媒介，用对方感兴趣的方式建立起心灵的桥梁，从而实现了真正的共鸣。

在家庭教育中，黄蓉的"美食密码"同样具有重要的启示意义。孩子的兴趣爱好是成长过程中的重要部分，家长如果能够敏锐地捕捉到孩子的兴趣点，并以此为切入点进行教育和沟通，往往能够事半功倍。

【案例】

去年春天，牛娃在作业本上涂鸦的机甲战士被爸爸瞧见，他眼睛一亮："小子，给你买个画具包？"没想到这随手买的水彩笔，竟让牛娃迷上了画画。周末全家出游，别人拍风景，他蹲墙角画砖缝里的蜗牛，妈妈还调侃："咱家要出昆虫学家了！"

暑假逛商场听见小提琴声，牛娃挪不动腿了。爸妈一合计，去二手市场淘了把琴，找音乐学院学生当老师。头个月牛娃拉琴像杀鸡，爸爸憋着笑当听众，妈妈举着手机拍视频："快听！这颤音比洗衣机还带劲！"

今年校庆，牛娃的画作《老巷新芽》挂在展厅中心位置，小提琴考级也过了五级。最令人惊喜的是社区中秋晚会，牛娃在拉《彩云追月》时中

途忘谱,愣是即兴编了段,台下观众跟着打拍子:"这孩子,有灵气!"

现在牛娃书桌旁摆着俩宝贝:画架和小提琴。问他咋坚持下来的?牛娃挠头:"每次想偷懒,我妈就说'你机甲战士还等着升级呢',我爸就抄起琴弓比画,我就和他来段父子合奏……"原来所谓热爱,就是全家一起"瞎折腾"出来的烟火气。

理论支撑

社会交换理论:该理论认为,人们在社会互动中总是试图以最小的代价获取最大的利益。在沟通中,了解并利用对方的兴趣点,就如同黄蓉用美食吸引洪七公,是一种以对方需求为导向的"交换",这种交换能够增加双方的满意度和关系的稳定性。当我们在沟通中主动满足对方的兴趣需求时,对方也更愿意回应我们的需求,从而实现双方的互利共赢。

总结 以趣为桥心相印,亲子共育暖如春

孩子的兴趣爱好是他们成长过程中的重要动力。家长通过观察、了解和利用孩子的兴趣点,不仅能与孩子建立深厚的联系,还能在互动中不断加深彼此的感情。正如黄蓉用美食打动洪七公,我们在家庭教育中也可以用这种方式去打动孩子,让兴趣成为沟通心灵的桥梁,让每一次交流都充满温暖和愉悦。

第四节　知行合一　侠客养成

洪七公因材施教的成功经验，锻造实战型未来人才

在教育的江湖中，洪七公因材施教，通过实践锻造实战型人才。他看着郭靖，眼神里满是无奈，却依然不厌其烦地倾囊相授。郭靖虽懵懂，但听了洪七公的教导后，瞬间醍醐灌顶。洪七公继续教导，强调"亢龙有悔"的精妙之处在于"悔"字，打出去的力道不能毫无保留，必须留有回劲。郭靖领悟迟缓，但他凭借顽强的毅力去领悟，开始发愤图强。经过一个月的努力，郭靖的进步显著，虽然尚未达到洪七公的高深造诣，但已今非昔比。这里的教育方法彰显了洪七公的高超智慧：他深谙因材施教之道，能够精准把握郭靖的特点，循序渐进地传授技艺，真不愧是"教育高手"！

家长在教育过程中，既要像洪七公一样根据孩子的特点进行针对性指导，又要注重在实践中锻炼孩子的能力。通过这种方式，孩子不仅能在知识学习上取得进步，还能在实践中磨砺出坚忍的意志、高尚的品德和卓越的社交能力，为未来的发展筑牢根基，成长为具有实战能力的未来人才。

核心观点　锻造实战型人才

家庭教育中，家长也可以借鉴洪七公的教育方式。首先，家长要了解孩子的特点，因材施教。每个孩子都有自己的长处与短处，家长应该根据孩子的特点，为他们提供适合的教育。其次，家长要注重实践锻炼，让孩子在真实的环境中成长，让他们在实践中学习，这样才能培养出实战型的人才。

方法论 显微镜，深入了解原因→传声筒，建立信任沟通→安全屋，调整学习环境→摸高器，设定合理目标→游乐场，寻找学习乐趣→休息室，关注身心健康→吹号角，鼓励自主学习→急救箱，寻求专业帮助→马拉松，保持耐心

❶ 显微镜，深入了解原因

在家庭教育的场景中，家长可以借鉴洪七公的因材施教方法。比如在辅导孩子作业时，先观察孩子在哪些知识点上存在问题，是数学的代数部分，还是语文的文言文理解。然后，针对这些薄弱环节制订个性化的学习计划，就像洪七公为郭靖量身定制训练内容一样。

同时，家长要注重与孩子的沟通，了解他们的兴趣点，将学习内容与孩子的兴趣相结合。

【案例】

一天，妈妈看到牛娃又在书桌前发愣，心里一紧，走过去问："怎么了，不想做作业？"牛娃叹气："数学太难了，我做不出来，真烦！"妈妈轻松一笑："那是因为作业太多，还是有别的烦恼？"牛娃无奈："作业压力大，感觉自己像只被关起来的海豚。" 妈妈这才明白，原来是压力太大导致他不想学习。她笑着说："我们一起看看怎么安排时间，让你能轻松点。"牛娃点了点头，觉得有了希望。通过一次沟通，妈妈了解了牛娃，帮助牛娃调整了学习方式，让他重新找回了对学习的兴趣。

❷ 传声筒，建立信任沟通

在家庭教育中，家长与孩子之间的信任关系是孩子成长的基石。家长应当成为孩子成长道路上可以信赖的引路人，就像洪七公与郭靖之间的师徒关系一样。家长需要耐心地倾听孩子的想法和感受，给予他们充分的尊重和理解，鼓励孩子大胆地提出问题并表达自己的观点。当孩子遇到困难和挫折时，家长应当给予及时的鼓励和指导，帮助孩子树立克服困难的信心和勇气，就像洪七公在郭靖学习过程中不断鼓励和纠正他一样。

【案例】

有一天，牛娃放学回家，满脸愁容地告诉妈妈："妈，今天数学作业又没做完，老师批评我了！"妈妈停下手里的活儿，拍拍他的肩膀。牛娃抱怨道："作业太多了，做不完，压力好大。"妈妈笑了笑，说："我知道，作业有时会让人很烦。我们可以把作业分成小块做，这样每次集中做一点，慢慢完成，减少压力。"牛娃眼睛一亮，问："那是不是可以试试分阶段做？"妈妈点头："对！同时也可以跟老师沟通，看看能不能调整作业量，或者和同学们一起讨论。"这次对话让牛娃感受到了妈妈的理解支持，学到了如何面对困难，也意识到家庭是他最坚强的后盾。

❸ 安全屋，调整学习环境

洪七公在教导郭靖时，会根据其学习状态调整训练环境与方式，这与现代项目式学习中依据学习进展和需求改变学习环境的做法有共通之处。当孩子失去兴趣或遇到障碍时，家长要调整项目任务、学习资源或协作模式，以重新激发学生的学习热情，就像洪七公在郭靖学习疲惫或分心时，改变训练场景或采用新的训练方法，让郭靖始终保持专注，不断提升实战

能力。在家庭教育中，家长可以根据孩子学习状态的变化，灵活地改变学习环境和方法，以激发孩子的学习兴趣和热情。

【案例】

一天，妈妈进牛娃的房间，看到他在书桌前发呆，桌上满是零食。她笑着说："牛娃，书桌是学习的地方，不是娱乐区！"牛娃一脸无辜："我在休息。"妈妈拍拍他的肩膀："休息可以，但得先集中精力学习，把零食收起来。"牛娃愣了一下，点点头："这样我就能专心学，不会心猿意马了。"妈妈说："我会监督你整理学习区，保持舒适，这样你更容易集中注意力。"牛娃开心地答应了。从那以后，牛娃的书桌变得整洁，学习效率也大大提高，休息时间也变得更加充足了。

4 摸高器，设定合理目标

在家庭教育中，家长可以借鉴洪七公教导郭靖的方式，根据孩子的学习能力设定逐步提升的目标。例如，当孩子在学习新知识时，家长可以先设定基础目标，帮助孩子掌握基础知识，然后再逐步引导孩子深入学习更复杂的知识和技能。

【案例】

有一天，妈妈看着牛娃一边看课外书一边做作业，心想："得给他制订个学习计划。"她拿出纸和笔，说："牛娃，我们一起定个学习目标，短期目标可以是这周背完英语单词。"牛娃眼睛一亮："如果完成了，有奖励吗？"妈妈笑了："当然，完成目标就去图书馆！"牛娃立刻认真起来，每周完成目标后都能获得奖励，动力十足。通过这样的方式，妈妈帮助牛娃逐渐获得了目标感，也激发了他的学习动力。

⑤ 游乐场，寻找学习乐趣

洪七公教导郭靖时，会通过有趣的实战场景或比试，让郭靖在快乐中学习武学知识。这与家庭教育中家长通过设计有趣的活动来提升孩子学习兴趣的做法相似。这样，孩子不仅能在享受乐趣的同时掌握知识与技能，还能发现新的爱好，使学习成为充满乐趣的探索之旅。

【案例】

有一天，妈妈看到牛娃坐在桌前对着一堆作业发愁，心里暗想："得让学习变得有趣。"于是，她灵机一动，走过去对牛娃说："今天我们来做个科学小实验，顺便把这堆作业也解决掉。"牛娃眼睛一亮："实验？好玩吗？"妈妈笑了笑，带着牛娃一起做了一个简单的火山爆发实验，用小苏打和醋制造了"火山喷发"。牛娃兴奋地看着"火山"喷发出来，瞬间不再觉得学习枯燥了。作业也在不知不觉中完成了。妈妈还建议牛娃去参加学校的机器人社团："你喜欢玩这些，去参加机器人社团，既能玩，又能学。"从此，牛娃不仅对学习有了兴趣，还有了新的爱好，他发现，学习原来也可以像实验一样有趣。

⑥ 休息室，关注身心健康

洪七公在教导郭靖过程中，关注其身心健康，确保郭靖在高强度训练之余有足够休息与调养的时间。在郭靖学习疲惫时，洪七公允许其适当休息调整，让郭靖以饱满的精神状态迎接后续挑战，实现武学技艺的持续提升。这与家庭教育中家长要关注孩子的身体和心理健康的理念相符，鼓励学生劳逸结合，参与体育锻炼、艺术活动等，以保持良好的身体状态和积极的心态投入学习。

【案例】

有一天，妈妈看到牛娃又在熬夜读课外书，眼睛红红的，精神看起来不太好。她笑着走过去拍拍他的肩膀："牛娃，你知道吗？我们的身体就像一台超级电脑，如果不给它足够的休息、充足的食物和运动，它就会变得很慢，容易死机。"牛娃一听，立刻意识到问题："那我肯定不想成为反应慢的电脑！"妈妈点点头："对呀，你只有保持健康的生活习惯，才能更有劲头，学习也能更有效率。"于是，妈妈建议他每天跑步，做些运动，保持身体健康和足够的睡眠，避免熬夜。牛娃慢慢发现，健康的生活让他不仅更有精力，学习也变得事半功倍。

7 吹号角，鼓励自主学习

洪七公教导郭靖时，鼓励其自主思考、独立解决问题，这与家庭教育中家长要培养孩子自主学习能力的目标一致，孩子须自主规划学习路径、查找资料、完成任务，家长在必要时给予指导，就像洪七公让郭靖在实战中自己琢磨掌法变化、应对策略。通过这种方式，孩子学会自我管理、自我驱动，成为独立的学习者，为未来的学习与职业发展奠定坚实基础。

【案例】

有一天，妈妈看到牛娃又在玩手机，作业还没动。她走过去提醒："牛娃，今天不是说好先做作业吗？"牛娃撇了撇嘴："妈，作业太多了，先玩会儿。"妈妈笑着说："那你打算什么时候做？等堆成山吗？"牛娃有点不好意思："好吧，那我先做一会儿作业。" 妈妈拍了拍他的肩膀："你可以自己安排时间，做完一项作业就奖励自己玩一会儿游戏。"牛娃眼睛一亮："原来可以自己决定啊！那我先做数学题，做完就玩十分钟。"妈妈笑着说："你是自己时间的主人，遇到问题我会帮你。"从那天起，牛娃学会了时间管理，做事越来越有条理。

❽ 急救箱，寻求专业帮助

洪七公在教导郭靖的过程中，遇到其难以克服的心理障碍或技术瓶颈时，会寻求江湖中专业人士或资源帮助。这与家庭教育中家长在孩子遇到难以解决的问题时，引导其寻求专家指导或查阅专业资料的做法相似。

【案例】

牛娃进入五年级后，英语阅读理解正确率持续下滑，面对长篇文章时常常感到烦躁。妈妈察觉孩子的焦虑后，没有一味要求"多刷题"，而是联系了资深英语教师进行学情分析。

老师发现牛娃存在"词汇量断层"与"段落逻辑梳理困难"两大问题，便与妈妈共同制定解决方案：

分级词汇攻坚：用"单词漫画卡"将高频词转化为趣味图像（如"abandon" 画成一个人无奈丢弃书包），每天通过"单词漫画卡"游戏轻松记忆10个单词；

段落拆解训练：妈妈陪牛娃用不同颜色荧光笔标注文章中的"人物（黄色）""事件（蓝色）""转折词（红色）"，如读到 "Although he tried hard, he failed at last." 时，重点圈出 "Although"，分析前后句的转折关系；

专业听力辅助：借助英语学习 APP 的"分句精听"功能，让牛娃逐句复述短文，强化"听—读—理解"的联动能力。

持续两个月的系统引导后，牛娃掌握了"抓关键词—理逻辑链—找答

案定位"的阅读策略,面对复杂文章时不再慌乱,甚至能主动分析"作者想表达什么"。妈妈的"求助思维"与洪七公为郭靖寻得高人指点如出一辙。家长让孩子在专业方法的支持下,不仅能突破学科瓶颈,更能学会"遇难题不慌、寻方法破局"的成长哲学。这种将"家庭教育"与"专业资源"结合的模式,让孩子在科学路径中稳步提升,收获攻克难关的底气。

❾ 马拉松,保持耐心

洪七公教导郭靖时,面对郭靖的"慢热",始终保持耐心,持续给予指导与鼓励。这与家庭教育中家长要秉持的耐心陪伴、长效激励原则一致。例如,当牛娃学习情绪低落时,妈妈用轻松的态度引导他,每次完成一定量的作业后就给予奖励。通过这种方式,孩子逐渐找回学习的乐趣,树立了信心,能够坚持到底,直至完成学习目标。

【案例】

牛娃最近学习情绪低落,每次面对作业就像是面对一座大山。妈妈注意到后,决定改变策略。她开始用轻松的态度引导他:"做三道题,妈妈奖励你五分钟自由时间。"牛娃开始接受挑战,慢慢发现作业并没有那么难,每次完成后妈妈的微笑和夸奖也让他更有动力。渐渐地,他开始主动坐下来做作业,找到了自己的节奏。妈妈的坚持和鼓励终于让牛娃重新找回了学习的乐趣。

理论支撑

1.知行合一:知行合一的理论由王阳明提出,强调知与行相互依存,相互促进。在教育中,这启示我们不仅要传授知识,更要为学生创造实践机会,让他们在解决实际问题中深化理解,培养综合能力。

2.建构主义学习理论：该理论认为，学习者通过主动建构知识来理解世界。学习者在实践活动中积极构建知识体系，实践成为关键环节。在实践过程中，学习者面对问题与挑战，能更好地思考、探索和创新，推动知识内化与能力提升。

总结　明责修身行正道，科学培德育英才

在家庭教育中，家长要深刻认识到自己的责任与使命，不断学习与成长，掌握科学的教育方法，为孩子营造一个充满爱、尊重与支持的成长环境。家长通过以身作则、因材施教、注重实践以及保持耐心等方式，培养出具有健全人格、良好品德、扎实学识以及综合能力的新一代，助力孩子在未来的生活中乘风破浪，实现自己的人生价值。

第五节　家国情怀　靖康秘典

郭靖"侠之大者"的精神传承，构建家族教育的灵魂图腾

在金庸的武侠世界里，郭靖的成长故事为我们展现了一个家庭教育的典范。郭靖的母亲李萍在艰苦环境中对郭靖的教育，不仅是生活技能的传授，更是价值观的灌输。当李萍用匕首指向郭靖，讲述他名字背后的深意时，她实际上是在为郭靖构建一个家族教育的灵魂图腾——家风与家训。这种教育方式深刻影响了郭靖日后的品格和选择，使他在母亲自尽后，依然能够坚守正义，成为一代大侠。

核心观点 侠之大者，构建家族教育的灵魂图腾

郭靖的家风故事，体现了家庭教育在培养一个人品格方面的重要性。母亲的言传身教，如同一盏明灯，照亮了郭靖前行的道路，让他在纷繁复杂的江湖中，始终坚守自己的信念，成为一位受人敬仰的侠之大者。这种家风不仅塑造了郭靖个人的性格和价值观，也为整个家族注入了灵魂和精神力量，成为家族教育的灵魂图腾。

方法论 明确家风核心→树立榜样形象→制定规则制度→鼓励交流沟通→培养责任意识→传承家族文化

❶ 明确家风核心

郭靖的母亲李萍在教育郭靖时，始终坚守着家风的核心价值观——忠诚与正义。她用实际行动向郭靖诠释了这些价值观的深刻含义，让郭靖在成长过程中有了明确的行为准则。在家庭教育中，明确的核心价值观能够为孩子提供清晰的方向，帮助他们在面对各种选择时作出正确的判断。

【案例】

周末的家庭会议上，妈妈端着果盘提议："咱们家得立个规矩，就像郭靖他娘教儿子那样。"爸爸接话说："我看就四个词——诚实、尊重、担当、勤快。"牛娃正啃苹果，含糊不清地说："上周我踢球砸坏邻居花盆，立刻道歉了，算不算诚实？"妈妈笑着摸他脑袋："算！这也体现了担当。"打那以后，家风就成了家里的"紧箍咒"。牛娃写作业想偷懒时，爸爸拿"勤快"说事；牛娃和同学闹矛盾，自己先蹦出"尊重"俩字。

如今这憨小子像变了个人。社区义卖主动帮老人搬货，班主任说他收作业比课代表还负责。前些天同学被欺负，他愣是挡在前面讲道理："有事说事，动手算啥本事？"活脱脱一个"小郭靖"附体。爸妈看着儿子挺直的小身板，心里跟灌了蜜似的——原来家风这把尺，真能量出顶天立地的模样。

❷ 树立榜样形象

郭靖的师父洪七公不仅传授给他高超的武功，更用自己的行为为郭靖树立了榜样，教会了他侠义精神。家长是孩子最直接的榜样，孩子会模仿家长的行为、态度和价值观。因此，家长需要以身作则，用自己的行动去影响孩子。

【案例】

一天，爸爸修水管时不小心工具掉了，发出咣当一声。牛娃跑过来看："爸爸，又不小心了！"爸爸笑着说："没事，修慢点更好，做事要有耐心。"妈妈也在旁边点头："看，爸爸就是榜样，做事不能急。"牛娃突然明白："我也要像爸爸一样，慢慢做。"妈妈从厨房端菜出来，笑着说："吃饭要专心，做事要有条理。"家风不仅是规矩，更是家长的行动。牛娃看着爸爸妈妈，懂得了什么是通过榜样传承家风。

❸ 制定规则制度

在郭靖的成长过程中，母亲李萍为他制定了严格的行为规则，这些规则帮助郭靖养成了良好的行为习惯。家庭规则的制定能够为孩子提供一个有序的成长环境，培养他们的自律能力。

【案例】

一天,妈妈决定制定家庭规则。她拿出纸笔,说:"第一,作息时间,要早睡早起。"爸爸笑着说:"那我看球赛怎么办?"妈妈不理他,继续:"第二,家务分配,爸爸倒垃圾,妈妈做饭,牛娃叠被子。"牛娃嘟囔:"我不是家务机器!"妈妈严肃地说:"家务是责任。第三,礼貌用语,大家都要说'请''谢谢'。"牛娃马上说:"那我以后要吃零食,也得说'请给我'?"妈妈点头:"礼貌是家风的一部分!"家里开始按照这些规则行事,大家都变得有条理,气氛也和谐了。

4 鼓励交流沟通

郭靖在成长过程中,与母亲李萍有着良好的沟通,这使得他能够理解母亲的期望和教导。家庭成员之间的交流沟通能够增进彼此的了解,增强家庭的凝聚力。

【案例】

一天,妈妈提议开家庭会议。爸爸看着她:"会议?我们家有啥事?"妈妈笑着说:"得讨论讨论家庭事务,顺便解决问题。"牛娃懒懒地说:"能不能等我打完这一关?"妈妈不理他,接着说:"电视遥控器轮流使用怎么样?爸爸又吃掉了我的零食!"爸爸尴尬地笑着说:"这叫分享!"大家笑成一团,牛娃也说:"那我是不是得跟爸爸分享游戏?"爸爸赞同:"好,5分钟就行。"

从此,家里每月开一次家庭会议,大家讨论问题,轻松又愉快。家人们也因此更加理解彼此,家庭关系更亲密了。

5 培养责任意识

郭靖在母亲的教育下,始终坚守着对家庭、对社会的责任感。这种责任感驱使他在面对困难和挑战时,勇往直前,不退缩。培养孩子的责任感,能够让他们明白自己是家庭和社会的一部分,需要为家庭的幸福和社会的进步贡献力量。

【案例】

周末,妈妈突发奇想:"今天咱们家来个家务挑战赛,谁先做完家务,谁就决定晚餐吃啥!"牛娃一听,眼睛亮了:"我来收拾厨房!"爸爸不甘示弱:"那我扫地!"大家分工合作,家里变得整洁,气氛也愉快了。几分钟后,牛娃得意地宣布:"晚餐吃比萨!"爸爸笑着说:"得加蔬菜!"通过这次活动,大家学会了分担责任,感受到每个人都是家庭的一分子,更有归属感了。

6 传承家族文化

郭靖的母亲李萍通过讲述家族故事,将家族的文化和价值观传递给郭靖。这种传承让郭靖在成长过程中始终保持着对家族的认同感和归属感。家族文化的传承能够增强家族的凝聚力,让孩子在了解家族历史的同时,传承家族的精神和价值观。

【案例】

一天,妈妈决定给家里来个"家族文化课"。她神秘地说:"今天咱们讲讲家族故事。"牛娃好奇:"有什么宝藏吗?"妈妈笑着说:"宝藏是家族的历史!你曾祖父可是个英雄,参加了抗美援朝战争!"爸爸补充:

"还获得了一级战士荣誉勋章！"牛娃听得津津有味，问："那我也能成为英雄吗？"妈妈笑着说："只要你记住家风——诚实、尊重、担当、勤快。"

妈妈还提议："每年春节包饺子时，我们讲家族故事，感受文化传承。"牛娃高兴地问："今年包饺子时，可以给我讲曾祖父的故事吗？"爸爸开始讲曾祖父在朝鲜战场的故事，妈妈提醒道："记住，家族的价值观就在这些故事里。"

家族文化通过这种方式在每个人心中生根发芽，让大家更加珍惜并努力传承这份文化。

理论支撑

道德发展阶段理论：该理论认为，个体的道德发展会经历一系列阶段，从关注行为后果的"前习俗水平"，到遵循社会规则的"习俗水平"，再到基于个人原则的"后习俗水平"。在家庭教育中，家长可以通过引导孩子思考道德两难问题，鼓励孩子表达自己的观点，帮助孩子理解不同阶段的道德要求，促进孩子道德判断能力的发展。例如，在家庭讨论中，家长可以提出一些道德困境的情境，让孩子思考应该怎么做，并解释原因。同时，家长以身作则，展示高尚的道德行为，为孩子树立榜样，激励孩子追求更高的道德水平。

总结 妙用理论启心志，传承家风育英才

孩子的成长既充满挑战，又蕴含无限可能，家长可以借鉴郭靖的成长经验，激活孩子的内生动力。在这些理论的指导下，家长能够更好地理解孩子在不同发展阶段的需求和潜力，从而提供更有针对性的教育和支持。孩子如同破茧之蝶，在家庭的关爱和引导下，逐渐突破自我，向着更高的

道德境界和知识水平迈进，最终在人生的舞台上绽放光彩，实现从懵懂孩童到有道德、有知识的栋梁之材的华丽转变。

第六节　笑傲江湖　不屈真经

"笨"郭靖逆袭启示录，教会孩子用智慧化解嘲讽

郭靖的学艺之路，对家庭教育有着深刻的启示。他资质平平，常被师父们调侃，如韩宝驹（江南七怪中排行第三）曾嘲笑他练"降龙神掌"只能打大象，郭靖却一笑置之，默默加倍努力。这种在嘲笑面前不气馁、不放弃的品质，正是他成功的关键。从教育学角度看，积极的自我暗示和持之以恒的努力，是孩子建立自信的重要途径。

核心观点　逆袭启示录，用智慧化解嘲讽

家庭教育中，家长应引导孩子正确面对嘲笑。当孩子被嘲笑时，家长可以像郭靖的师父们那样，用幽默化解尴尬，让孩子用平和的心态回应。家长也可以通过角色扮演，教孩子如何冷静回应和幽默化解嘲笑，培养孩子的自信心。

方法论　建立自信→角色扮演→沟通技巧→寻求帮助→培养韧性→情绪管理

❶ 建立自信

大漠风沙里，郭靖的母亲李萍捡了根草茎，在沙地上教郭靖写"忠义"。江南七怪嫌他笨，少年却把母亲"根基扎实何惧风雨"的话刻进心里。每当师父们叹气，他就想起母亲补衣：粗布补丁也能绣出星斗。寒夜里，李萍缝的皮袄暖着他的身子，也暖着他练功的劲头。多年后郭靖终成侠者才明白，当年那些笨拙招式，原是母亲用半生艰辛织就的护心甲。家长教孩子何尝不是这般？不必求速成，只需把信念当草茎，在沙地上日日描摹，终能写成顶天立地的"人"字。

【案例】

有一次，牛娃在课堂上发言时不小心说错了一个答案，结果班里的同学忍不住笑了。他开始怀疑自己："我是不是很笨？为什么连个问题都答不对？"回到家，妈妈发现他情绪低落，就关心地问道："怎么啦，今天心情不好？"牛娃一边低着头一边嘀咕："今天在课堂上，我说错话了，大家笑我，我感觉自己好笨。"

妈妈听后，摸摸他的头："宝贝，谁没有犯过错呢？你知道吗？世界上最聪明的人也会犯错。你看你画画那么好，足球踢得也很棒，你做得很多事都很棒啊，不能只因为一次错误就否定自己。"牛娃抬起头，看着妈妈，心里豁然开朗。他突然意识到，犯错并不代表自己很笨，相反，错误是成功的一个台阶，只要不气馁，不放弃，自己可以不断进步，越来越好。从那以后，牛娃不再因为犯错而感到沮丧，他学会了接受自己，变得更自信了。通过妈妈的鼓励，牛娃明白了"我信，我行"的道理。他不再被外界的笑声影响，而是坚持自我，勇敢面对生活中的每一次挑战。

❷ 角色扮演

大漠里，郭靖练箭总射偏。朱聪（江南七怪中排行第二）打趣："靖儿这箭法，是给大雕挠痒痒呢？"郭靖挠头憨笑："二师父别急，我这就给雕兄练全套推拿。"众人大笑，少年却把讥笑当磨刀石。李萍在毡帐后听着，悄悄对儿子说："江湖上笑你的人，都是助你扎根的沙石。"郭靖听着母亲的话，渐渐明白：经得起嘲笑的人，才扛得住江湖风雨。家庭教育何尝不是如此？家长若能把世人的讥诮化作养料，孩子自会在笑谈间长出铠甲。李萍用草原的智慧告诉郭靖：扎根越深，越不怕风沙。

【案例】

一天，妈妈决定教牛娃如何应对嘲笑。她拿来一只布偶"调皮小兔"，自己扮演嘲笑者，牛娃则扮演自己。妈妈故意用调皮的语气说："嘿嘿，牛娃，你这衣服真奇怪，像个彩虹糖！"牛娃刚要回应，妈妈提醒道："等一下，我们先练练如何冷静回应。"于是牛娃想了想，说："哦，是吗？那我得小心，别笑得太开心了。"妈妈笑着说："不错！幽默回应能化解尴尬，不生气反而更得体！"接着，妈妈又笑着说："牛娃，你真是时尚达人！"牛娃装作得意地回："哦，谢谢夸奖！下次送你件'经典'时装，咱俩都成时尚先锋！"妈妈笑得合不拢嘴："看看，幽默和冷静不仅让尴尬消失，还能赢得笑声！"

通过这个练习，牛娃学会了冷静回应和幽默化解尴尬，明白了面对嘲笑时，最重要的是自己的态度。他的自信心也在这一过程中得到了培养。

3 沟通技巧

郭靖在面对师父们的批评时，学会了用平和的心态沟通。他明白，直接反击只会加剧矛盾，而平和的表达更能赢得尊重。有一次，郭靖因练功走神被柯镇恶（江南七怪之首）责骂，郭靖没有顶撞他，而是诚恳地说："师父，我知道自己做得不好，我会努力改进的。"柯镇恶见他态度诚恳，也不再追究。江湖如此，家教亦然。家长若将呵斥化作磨刀石，孩子自会在磕碰中学会以柔克刚。挨骂时平心静气回话，比犟嘴更有分量。

【案例】

有一天，牛娃回家时，看起来有些不开心。妈妈注意到他低着头，便温柔地问："怎么了，儿子？今天被谁惹了？"牛娃皱着眉头说："班上有个同学说我的发型像扫把，太丑了！"妈妈笑了笑，蹲下来和牛娃对视："这确实不好听，但宝贝，遇到这种事你应该怎么表达呢？"牛娃想了想，说："我想告诉他他不该这么说！"妈妈点点头："可以，但下次你可以说'我感到很难过，因为你说我的发型不好'，而不是直接回击。"

第二天，当那个同学再说牛娃的发型时，牛娃冷静地说："我感到有点难过，因为你说我的发型不好，希望你能理解。"同学愣了一下，也不好再笑话他了。牛娃发现，自己不仅没有生气，还得到了更多尊重。妈妈听后非常高兴："太棒了！你用平和的方式表达了自己，不仅没生气，还得到了理解。"通过这次经历，牛娃学会了如何用"我感到…"表达感受，而不是直接反击，让自己既不生气，也能维护自尊。

❹ 寻求帮助

郭靖在成长过程中，遇到困难时总会向师父们求助。他明白，寻求帮助并非软弱，而是一种智慧。有一次，郭靖在与对手比武时，因武功不熟被对手压制，他及时向在场的洪七公求助，洪七公不仅传授他武技，还给予他鼓励。当孩子遇挫时，家长与其责备其愚钝，不如学洪七公点拨三两句。须知适时伸手扶一把，能让孩子在借力中生出破局的勇气——这才是家教里藏着的真功夫。

【案例】

有一天，牛娃回到家，低着头，眉头紧锁，看起来心情不太好。妈妈看到后，关心地问："怎么了，宝贝？在学校出了什么事吗？"牛娃叹了口气，小声说："今天在学校，有个同学笑话我，说我做的数学题全错了，还大声嘲笑我。我真的不知道该怎么办，心里很难过。"妈妈拍了拍他的肩膀，说："有时候，别人嘲笑我们并不是因为我们真的做错了，而是他们可能在发泄什么。你可以告诉自己'我做得很好，继续努力'，也不用急着回应。"牛娃有些不解，妈妈接着说："如果你感到不舒服或者不知道怎么处理，可以随时告诉我，或者告诉老师，老师也能帮忙。记住，你不是一个人。"

牛娃听了后，眼睛亮了起来："那我以后遇到这种事，可以告诉你们吗？"

妈妈微笑着点点头："当然可以，我们永远是你的后盾。"从那以后，每当牛娃遇到类似的困扰时，他就会主动去找妈妈或老师，学会了更积极地面对挑战。

5 培养韧性

郭靖在学艺过程中，经历了无数次失败，但他从未放弃。他明白，挫折是成长的必经之路，只有在挫折中不断努力，才能变得更强。有一次，郭靖在练习"降龙神掌"时，总是掌握不好力道，被洪七公批评，但他没有气馁，而是反复练习，直到掌握为止。教孩子亦是这般道理。与其事事代劳，不如学洪七公教掌法时留三分余地。郭靖每遇瓶颈，他的母亲李萍便在火塘边讲铁木真少年被俘的故事。待他练得双掌红肿，毡帐里总备着热乎乎的草药汤。这般托着底，孩子方知跌倒时总有双温暖的手——不是拽着不让摔，而是候着扶他掸去沙尘，再稳稳当当地站起来。

【案例】

有一天，牛娃回来跟妈妈说，班上的小华笑话他跑步慢，大家都在笑他。牛娃感觉很尴尬，低下头说："我真的不想再跑了，大家笑得那么大声。"妈妈拍了拍他的背，微笑着说："宝贝，跑步慢一点没什么大不了的，每个人都有强项和弱项，笑你的人其实是在提醒你，你还有进步的空间。你要记住，生活就像跑步，不是每一步都顺利的。你可以选择停下，或者擦干眼泪继续跑，告诉他们'我会努力追上去！'"

牛娃听后，点了点头，明白了妈妈的意思："我下次再跑时，不管慢不慢，我都不会放弃！"妈妈笑着点头："没错！生活中的挫折就是你的养分，越能从挑战中站起来，你就越强大。"从此，牛娃不再害怕嘲笑，他变得更加自信，明白了每次挑战都是成长的机会。

❻ 情绪管理

郭靖在面对压力时，总能保持冷静。他明白，情绪的管理是成功的关键。有一次，郭靖在与欧阳克比武时，因对方出言挑衅而心生怒气，但他迅速调整呼吸，平复心情，最终赢得了比赛。莫把怒气当洪水猛兽，而要教孩子筑堤引流之法。待他学会让心湖照见天地，自然能借情绪风浪扬帆，而非被怒涛吞没。

【案例】

有一天，牛娃放学回家，心情特别糟糕。老师给了他一张红色的作业单，说作业没做好。牛娃气得直跺脚，想马上去找老师理论："我明明努力了，怎么就这么差？"看到他这样，妈妈走过来，拍拍他的肩膀，温柔地说："牛娃，先别急，我们深呼吸三次，好吗？"

牛娃有点不情愿，但还是看着妈妈做了几次深呼吸。结果，没想到真的没那么愤怒了，他突然感觉清爽多了："妈妈，怎么感觉心情好多了？"妈妈笑着说："情绪就像气球，深呼吸就像放气。下次再遇到生气的事，先深呼吸，冷静下来，再做决定。"

牛娃恍然大悟："哦，原来这样能让我冷静下来！以后遇到事我也要试试！"

理论支撑

美国心理学家卡罗尔·德韦克提出，个体对能力的看法影响其行为表现。在家庭教育中，家长可引导孩子正视嘲笑，将其视为成长契机；鼓励孩子持续努力，坚信努力可提升能力；教孩子用幽默化解尴尬，以平和心态回应嘲笑；引导孩子正确表达感受，避免直接反击，维护自尊；让孩子

知道寻求帮助是智慧，家是坚实的后盾。这些引导能培养孩子成长型思维，助其在挫折中成长，增强面对挑战的勇气与信心，成就更好的自我。

总 结　大漠风沙练筋骨，慈母絮语润心田

郭靖的逆袭之路，离不开师父们的指导和自身的努力，更离不开家庭般的师徒关系给予他的支持与关爱。在家庭教育中，家长的引导和支持，是孩子面对外界嘲笑和困难时最坚实的后盾。当孩子感受到家庭的爱与接纳时，他们就能勇敢地面对挑战，不断成长和进步。家，不仅是孩子心灵的港湾，更是他们走向世界的起点，给予他们无尽的力量和勇气，去书写属于自己的传奇篇章。

第三篇 时代进化

第一节 智控江湖 降龙神掌

欧阳锋"走火入魔"的警示，家庭教育是科技时代的"定海神针"

在科技时代的汹涌浪潮中，欧阳锋"走火入魔"的故事为我们的家庭教育敲响了警钟。金庸笔下的这一情节，恰似现代家长面临孩子沉迷电子设备却手足无措的困境。数字时代的家庭教育如"定海神针"。家庭教育中的智慧是家长在科技洪流中保持清醒头脑、坚定教育方向的能力，要求家长既要了解数字化设备，更要深刻理解其对孩子的影响。家长须以这种智慧为基石，设定合理规则，提供多样化活动，加强监管引导，确保孩子在科技浪潮中健康成长，避免像欧阳锋一样因追求短暂刺激而迷失方向。

核心观点 家庭教育是科技时代的"定海神针"

方法论 洞察秋毫→立下家规→替代之途→家庭同心→沟通桥梁

① 洞察秋毫

在金庸的武侠世界里，欧阳锋的走火入魔是一个典型的因欲望失衡而导致行为失控的例子。他执着于武学捷径，被内心对"天下第一"的执念与对自身武功缺陷的焦虑所困，忽视了武学修为需"内外兼修、循序渐进"的本质，最终心智迷失。这与现代孩子沉迷电子设备有相似的底层逻辑——表面是行为失控，根源是内心需求未被看见的代偿机制。

在现代家庭中，孩子沉迷电子设备的现象日益普遍，背后原因复杂多样。可能是学业压力过大，电子设备成为孩子逃避现实压力的出口；或是孩子缺乏社交技能，在虚拟世界中寻找归属感和认同感；又或是家庭互动不足，电子设备填补了情感空缺，成为孩子打发时间和寻求心理慰藉的工具。

【案例】

牛娃最近对电子游戏沉迷，妈妈起初只知一味阻止，但效果不佳。后来，妈妈决定深入了解牛娃的内心。经过耐心沟通，她发现牛娃在学校遭遇同学排挤，内心苦闷，才借游戏逃避现实。于是妈妈不再简单粗暴地限制，而是针对社交问题给予引导，帮牛娃逐渐摆脱游戏沉迷。

牛娃坐在电脑前，眼睛直勾勾地盯着屏幕，手指在键盘上飞舞。妈妈站在门口，看着他如"小电脑僵尸"般的背影，心里一紧。她轻手轻脚地走进房间，坐在牛娃身旁，用温柔的声音打破沉寂："牛娃，今天玩得开心吗？"牛娃微微一颤，但很快又恢复平静，只是简单点头回应。

妈妈继续轻声问道："那你觉得游戏有什么特别吸引你的地方呢？"牛娃停顿了片刻，缓缓地说："其实，游戏很刺激，打怪、升级、赢比赛，那种感觉好爽！"妈妈听出了他话语中的兴奋与满足，心里却泛起一丝担忧。

为了进一步了解牛娃内心的真实想法，妈妈又问："那你觉得现实生活中，有什么事也能让你感到有趣吗？"牛娃陷入了沉思，眼神中闪过一丝迷茫。过了一会儿，他才轻声说："我想去踢足球，和朋友们一起打比赛，但总觉得没时间。"妈妈心中一喜，终于找到了一个突破口。她拍了拍牛娃的肩膀，鼓励道："那不如咱们去踢足球，看看能不能在现实中找到那种成就感？"牛娃的脸上露出了久违的笑容，眼中闪过一丝期待。

通过这次深入的对话，妈妈意识到，牛娃并不是单纯地逃避现实，而是在游戏中寻找一种刺激和成就感。于是，她开始有意识地为牛娃安排一些能够满足他这种需求的现实活动。她联系了牛娃的几个小伙伴，组织了一场小型的足球友谊赛。当牛娃在球场上尽情奔跑，与朋友们默契配合，最终踢进球时，他感受到了一种不同于游戏的满足感。

同时，妈妈还鼓励牛娃参加学校的绘画兴趣班。在绘画的过程中，牛娃充分发挥自己的想象力，用画笔描绘出心中的美好世界。每次完成一幅作品，他都能从老师和同学的赞赏中获得自信和认可。

经过一段时间的努力，牛娃对电子游戏的依赖明显减少。他开始主动安排自己的课余时间，积极参与各种体育活动和兴趣班。妈妈看着他日益开朗的性格和健康的成长状态，心中满是欣慰。她深知，只有深入了解孩子内心的需求，才能真正帮助他们找到正确的方向，避免在虚拟的世界中迷失自我。

❷ 立下家规

在金庸的武侠世界里，各门派都有严格的门规戒律，为弟子成长提供框架，防止他们偏离正道。如少林寺对弟子修行、日常行为有明确规定，

违规者会受相应惩罚。

家长须与孩子共同制定清晰、合理的电子设备使用规则。包括每天使用时长、使用场合，以及违反规则的后果。规则制定过程要充分尊重孩子意见，保障其合法权益。

【案例】

一天晚上，牛娃一家围坐在餐桌旁，暖黄色的灯光洒在每个人脸上，营造出温馨的氛围。妈妈清了清嗓子，打破了沉默："今天咱们开个家庭会议，讨论一下电子设备使用规则。"牛娃听到这话，心中一紧，但还是抬起头，眼神中带着一丝期待。

"我觉得咱们应该制定一个合理的规则，让大家都能自觉遵守。"妈妈温和地说。牛娃微微点了点头，心里却在思索着如何提出自己的想法。

"那我先说说我的想法。"牛娃鼓起勇气，"我觉得做完作业后可以玩1小时游戏，这样既能放松，又能有个盼头。"妈妈听了，脸上露出理解的神情："这个想法不错，但我担心周末的时候，你会玩得太久，影响户外活动。"牛娃一听，心里有些小失落，但又觉得妈妈说的有道理。

于是，妈妈提出了自己的建议："周末的时候，咱们可以适当延长游戏时间，但一定要保证有足够的时间进行户外活动，这样对身体和眼睛都好。"牛娃想了想，觉得这样安排比较合理，既能享受游戏的乐趣，又能保持健康的生活方式。

爸爸也加入了讨论，提出了自己的看法："咱们可以制定一个'电子设备使用时间表'，把每天的使用时间、户外活动时间都安排好，大家共同遵守。"这个提议得到了全家人的赞同。

从那以后，牛娃严格按照家庭电子设备使用公约来安排自己的时间。

做完作业后，他会玩半小时游戏，然后自觉地主动关闭电脑，去进行户外活动。周末的时候，他也会合理安排游戏时间和户外运动时间，生活变得规律而充实。

渐渐地，牛娃不仅在电子设备的使用上变得自律，还把这种良好的习惯延伸到了学习和生活中。他的学习成绩逐步提高，身体也更加健康。妈妈看着他的变化，心中满是欣慰。她知道，通过共同制定规则，尊重孩子的意见，让孩子参与到决策中来，能够更好地引导孩子养成良好的习惯，走向更加美好的未来。

❸ 替代之途

在金庸的武侠世界里，郭靖在面对外界的种种诱惑时，始终坚守着母亲李萍的教诲，将主要精力投入练习武功和行侠仗义之中。他通过不断提升自己的武艺，结识了许多志同道合的朋友，如丐帮的鲁有脚等。郭靖以行侠仗义为己任，在江湖中赢得了尊重和声誉，成为武林中的一代大侠。这种通过积极的追求来抵御歪门邪道的方式，不仅使他免受不良影响，还让他在正道上越走越远。

在现代社会，孩子面临电子设备等新兴诱惑，家长可以借鉴武侠世界里的智慧，为孩子提供丰富多样的替代活动，引导他们在现实生活中找到乐趣与成就感。比如，家长可以鼓励孩子参加各种体育运动，像足球、篮球、游泳等，让孩子在运动中锻炼身体、培养团队合作精神；也可以引导孩子参与艺术兴趣班，如绘画、音乐、舞蹈等，让他们在艺术的海洋中陶冶情操、发挥创造力。另外，家庭亲子活动也是很好的选择，像一起郊游、烹饪、做手工等，这些活动不仅能增进亲子关系，还能让孩子在家庭的温暖中健

康成长。

【案例】

一个阳光明媚的下午,牛娃坐在电脑前,眼神却显得有些空洞。妈妈走进来,发现他只是机械地点击着鼠标,并没有真正得到放松。"牛娃,今天玩得开心吗?"妈妈轻声问道。牛娃头也不抬,敷衍地回答:"还行吧。"妈妈看在眼里,心里有些不是滋味。她知道,孩子需要到户外去放松身心,结识朋友。

于是,妈妈决定找一个合适的时机,和牛娃好好聊聊。第二天晚上,一家人围坐在餐桌旁吃晚饭。妈妈微笑着对牛娃说:"牛娃,妈妈发现你对足球挺感兴趣的,要不咱们周末一起去踢踢球?"牛娃眼睛一亮,但又有些犹豫:"可是我游戏还没打完呢。"妈妈温柔地回应:"踢球也挺有意思的,还能锻炼身体,认识新朋友呢。"牛娃想了想,最终点了点头。

周末的清晨,阳光洒在绿茵茵的足球场上。牛娃换上运动服,跟着妈妈来到了球场。这里已经有一群同龄的孩子在训练了。教练热情地欢迎了牛娃,并为他安排了一个合适的队伍。刚开始,牛娃还有些不适应,动作也显得有些生硬。但随着比赛的进行,他逐渐被现场的氛围感染,开始认真地投入比赛中。

在一次激烈的争夺中,牛娃成功地从对方脚下断球,然后迅速带球向前推进。他灵活地穿梭在对方防线之间,寻找着射门的机会。最终,他以一脚精准的射门,将球送入了对方球门。场边的观众爆发出热烈的掌声,牛娃的心中涌起一股前所未有的成就感。

随着足球兴趣班的持续进行,牛娃的变化越来越明显。他不仅在球场上结识了许多新朋友,还开始主动分享自己的足球技巧,帮助其他小伙伴提高球技。课余时间，他不再像以前那样黏在电脑前，而是经常与朋友们相约去踢球。他的性格也变得更加开朗自信，脸上总是挂着灿烂的笑容。

妈妈看着牛娃的这些变化，心中满是欣慰。她知道，通过引导，孩子将兴趣从虚拟世界转移到现实生活中，不仅帮助他摆脱了对游戏的沉迷，还让他在现实中找到了更多的乐趣与成就感。而这一切，都源于一次简单的尝试和对孩子的细心关注。

4 家庭同心

在金庸的武侠世界里，武林世家常常通过共同经历磨难来强化家族的凝聚力。例如，穆人清不仅向弟子传授武功，还带领他们行侠仗义，使弟子之间建立了深厚的情谊。

在现代社会，家长可以通过组织多样化的家庭活动来增进家庭成员之间的情感联系。比如，每周安排一次家庭出游，去公园野餐，欣赏自然的美景，感受微风的轻抚；一同参观博物馆，探索历史的奥秘，拓宽知识的视野；共同完成家务，制作美食，让家庭充满温馨的烟火气；参与志愿者活动，为社会贡献一份力量，让孩子在家庭的温暖和支持中茁壮成长。

【案例】

牛娃一家精心制订了一份家庭活动计划，每周六都会安排不同的活动。有时，他们会选择去公园野餐，在草地上铺开色彩斑斓的餐布，摆上丰盛的食物。阳光透过树叶的缝隙洒在身上，暖融融的，牛娃和父母在草地上尽情地玩耍，玩累了就坐下来分享趣事，欢声笑语回荡在公园的每一个角落。在公园的那些美好时光，使得牛娃与父母的关系变得更加亲密无间。

此外，牛娃一家还会前往博物馆参观。在博物馆里，牛娃被那些丰富多样的展品深深吸引。他站在历史文物面前，仿佛穿越了时空，与过去对话。他认真地听着讲解员的介绍，眼中闪烁着对知识的渴望和对历史的敬畏。牛娃每次参观博物馆，都打开了一扇通往新世界的大门，让他对历史产生了浓厚的兴趣。

家庭活动的多样化让牛娃的生活变得丰富多彩。他在这些活动中不仅感受到了家庭的温暖和支持，还逐渐减少了对电子设备的依赖。他开始意识到，生活中还有许多比电子设备更有趣、更有意义的事情等待着他去探索。通过与父母一起参与这些活动，牛娃的家庭关系变得更加和谐美满，他也在这个充满爱的环境中茁壮成长。

❺ 沟通桥梁

在武侠世界里，许多武林前辈通过倾心交流与指导，助力晚辈成长。例如，洪七公不仅传授郭靖武功，还常与他谈心，引导他树立正确的侠义观，让郭靖在复杂江湖中保持纯真本性。这种深层次的沟通与指导，使郭靖在武学与人格修养上均有所成，为他日后成为一代大侠奠定了坚实基础。

在现代社会，家长应努力营造开放、包容的沟通氛围，让孩子敢于毫无保留地表达内心的想法与困扰。当孩子在成长的道路上遇到问题时，家长应当给予坚定的情感支持，与孩子并肩面对，共同寻找解决问题的方法。

【案例】

一天，牛娃垂头丧气地走进家门，手里还攥着游戏机的控制器。妈妈察觉到他情绪不对，便轻声问道："今天游戏玩得不顺心吗？"牛娃一听，眼泪在眼眶里打转，他把游戏机往沙发上一扔，说道："是的，我一直过不去这关，感觉特别失败。"妈妈赶紧坐到他身边，用温柔的语调说："来，和妈妈说说具体怎么回事，说不定我能给你出出主意。"在妈妈的鼓励下，牛娃开始讲述他在游戏里遭遇的困境，如何屡次尝试却总是失败，讲着讲着，他的眼泪还是掉了下来。

妈妈轻轻拍了拍他的肩膀，安慰道："失败是很正常的，妈妈也经常会在工作中遇到搞不定的事情，感觉特别烦。但每次想到放弃，我都会给自己打打气，告诉自己再试一次，说不定下一次就有转机了。"牛娃抽泣着问："那你是怎么做到不放弃的呢？"妈妈微笑着说："因为我明白，失败是成功之母嘛，不经历失败，怎么能迎来成功呢。你要是愿意，咱们可以一起研究研究游戏里的这关，说不定合作就能顺利通过。"

牛娃听了妈妈的话，心情逐渐平静下来，他看着妈妈，眼睛里重新燃起了希望。他擦了擦眼泪，说："妈妈，我现在感觉好多了，我打算先把这关放一放，去做会儿作业，说不定等会儿冷静下来再试试，就能过去。"妈妈欣慰地点头："对呀，冷静下来再出发，说不定就有新收获。而且你要记住，游戏只是生活的一部分，不要让它影响了你的情绪和成绩。"

在妈妈的耐心开导下，牛娃学会了如何正确面对游戏中的挫折，也明白了如何将这种心态应用到学习和生活中。他开始减少游戏时间，把更多精力投入学习中，努力提升自己的成绩。通过这次深入的沟通，牛娃和妈妈之间的关系更加亲密，他也更加愿意向妈妈倾诉自己的心事。

理论支撑

布朗芬布伦纳的生态系统理论：该理论认为儿童的发展受到若干个互

相镶嵌在一起的系统环境的制约，包括微观系统、中间系统、外层系统、宏观系统和时间系统。对于儿童而言，家庭是微观系统的重要组成部分，家长的行为、家庭氛围以及家庭成员间的互动模式都会对儿童产生直接影响。

总结 稳如"定海神针"，引领科技江湖

科技时代，孩子成长环境复杂多变，电子设备如同武侠世界里的双刃剑，用得好可拓宽视野，用不好则沉迷其中。家长要稳如"定海神针"，了解孩子内心，制定规则，提供替代活动，组织家庭互动，保持沟通，必要时借助专业力量，引导孩子正确使用电子设备。这不仅可以帮孩子抵挡科技的负面影响，还能密切亲子关系，为孩子未来成长筑牢根基，使其在科技江湖中稳健前行，实现个人价值。

第二节　侠骨丹心　七怪联盟

江南七怪"侠义精神"的现代诠释，打造社交金库

在金庸的武侠江湖里，江南七怪以侠义为魂，性格迥然却情义相投，共谱江湖豪情。这份侠义精神，跨越时空的洪流，在现代社会依旧熠熠生辉，对孩子社交能力的培育具有深远意义。家长若能以巧妙之心，引导孩子领悟侠义之真谛，践行大义之举，便能为他们构筑一个稳固的社交金库，让他们在人际交往的广阔天地中勇往直前，稳健驰骋。

核心观点 侠义精神，打造社交金库

方法论 打开自我，磨砺社交宝剑→因为爱所以爱→宰相的肚子，涵养包容之心→有话好好说→冤家宜解→让沟通成为今日有约

❶ 打开自我，磨砺社交宝剑

江南七怪个个都是响当当的人物，他们各自身怀令人称奇的绝技。老大柯镇恶，一双眼睛虽盲，可那铁杖却使得出神入化，杖风呼啸间，敌人往往难以近身；老二妙手书生朱聪，妙手空空，偷技一绝，能在不经意间取人财物；老三马王神韩宝驹，相马之术天下无双，骑术更是精湛无比……这些本领不只是战斗时克敌的法宝，更是他们闯荡江湖的社交利器。柯镇恶凭借高超杖法与果敢性格，在武林中声名远扬，赢得诸多朋友支持与尊重。其实，武侠江湖的社交之道与现实家教息息相关。社交技能是孩子立足人际交往的关键，家长应培养孩子沟通、倾听、表达等能力，教孩子主动发起话题、礼貌回应他人、适时展现特长，让孩子在现实"江湖"中也能如鱼得水。

【案例】

牛娃是个性格内向的孩子，平日里总是安安静静的，不善与人主动交流。每次看到别的小朋友在一起嬉笑玩耍，妈妈看在眼里，急在心里，总担心牛娃会因为性格太内向而在人际交往中吃亏。

有一次，社区组织了一场丰富多彩的活动，现场有放风筝、踢毽子等各种好玩的项目。妈妈觉得这是个让牛娃锻炼社交能力的好机会。可牛娃

心里有些害怕，低着头，小声说："妈妈，我不敢去，我怕他们不理我。"妈妈蹲下身子，温柔地看着牛娃的眼睛，悄悄给他出主意："宝贝，你看那边有个拿风筝的小朋友，他的风筝五颜六色的，特别好看。你去和他说，'你的风筝真酷，能教我怎么放吗？'大家都喜欢有礼貌又勇敢的小朋友，妈妈相信你可以的。"

牛娃犹豫再三，小手紧紧地攥着衣角，双脚不自觉地挪动着。终于，他鼓起勇气，慢慢地朝着那个拿风筝的小朋友走去。他的心跳得飞快，每走一步都觉得无比艰难。当他用微微颤抖的声音说出："你的风筝真酷，能教我怎么放吗？"那个小朋友立刻露出了灿烂的笑容，热情地拉着牛娃的手说："好呀好呀，放风筝可好玩啦，我教你。"接着，小朋友就耐心地给牛娃分享起放风筝的技巧，牛娃也听得格外认真，眼睛里闪烁着兴奋的光芒。

在小朋友的帮助下，牛娃的风筝越飞越高，他也逐渐融入了孩子们的圈子，和小伙伴们一起奔跑、欢笑。此后，妈妈时常带牛娃参加此类活动，每次都会教他一些新的社交技巧，如微笑时要露出八颗牙齿，赞美别人要真诚具体等。渐渐地，牛娃在人群中越来越自如，脸上的笑容也越来越多，朋友也越来越多。他不再是那个躲在角落里的小透明，变得开朗自信，敢于主动和他人交流互动。

❷ 因为爱所以爱

江南七怪虽性格各异，但因共同的侠义理想和对武功的热爱而紧密相连。他们在行侠仗义的过程中，彼此扶持，相互学习，共同成长。这种基于共同兴趣的友谊，使他们在江湖中立于不败之地。

共同兴趣是孩子交友的桥梁。家长应帮助孩子发现自己的兴趣爱好，并鼓励他们参与相关的活动或社团，从而结识志同道合的朋友。同时，家长也要引导孩子尊重他人的兴趣，学会在差异中寻找共同点。

【案例】

牛娃是一个热爱绘画的孩子。每当看到五彩斑斓的画笔和洁白的画纸，他的眼睛里就会闪烁出兴奋的光芒。妈妈敏锐地察觉到了牛娃对绘画的热爱，为他报名了少年宫的绘画班。

在绘画班里，牛娃结识了许多和他一样热爱绘画的小伙伴。有一次写生课，牛娃看到旁边男孩画的山水画栩栩如生，不禁赞叹道："你画得太棒了，这山水就像真的一样！"男孩谦虚地笑了笑，也夸赞牛娃的人物画生动传神。两人你一言我一语地交流起绘画技巧，分享着彼此的创作心得。从那以后，他们成了无话不谈的好朋友。

绘画班成了牛娃的社交乐园，他在这里不仅提高了绘画水平，还结识了许多志同道合的朋友。他们一起参加绘画比赛，互相鼓励、互相支持；一起探讨绘画的奥秘，共同追求艺术的真谛。牛娃的朋友圈也因共同的兴趣而不断扩大，他的生活变得更加丰富多彩。

家长要明白，帮助孩子发现兴趣、鼓励他们参与社交活动，就是为他们打开了一扇通往友谊和成长的大门。让孩子在共同兴趣中结识朋友，在交流中学会尊重、理解和包容，他们才能在人生的道路上走得更加稳健、更加快乐。因为爱所以爱，共同的兴趣让孩子们的友谊之花绽放得更加绚烂。

❸ 宰相的肚子，涵养包容之心

在江南七怪中，韩小莹年纪最小，性格刚烈。但其他六位兄长并未因

她的脾气而疏远她，反而理解她的单纯与正直，包容她的缺点。这种同理心和包容性，使七怪内部团结一心，能够共同面对江湖中的种种挑战。

同理心和包容性是孩子在多元社交环境中的必备素质。家长要通过故事、实例等方式，让孩子学会站在他人的角度思考问题，理解他人的感受和行为动机。同时，引导孩子接纳与自己不同的观点和习惯，培养他们的包容心态。

【案例】

牛娃的妈妈深知包容之心的重要性，在日常生活中，她时刻注重通过言传身教来引导牛娃。有一次，小区里来了个新住户，是个坐轮椅的叔叔。其他小朋友看到叔叔行动不便，都投去了异样的眼光，甚至还在背后指指点点。牛娃回到家后，跟妈妈说了这件事，言语间也流露出一些好奇和不理解。

妈妈没有立刻批评牛娃，而是温柔地把他拉到身边，给他讲了一个故事。妈妈说："宝贝，从前有个小村庄，村里有个孩子和大家都不一样，他走路一瘸一拐的。一开始，其他小朋友也嘲笑他、孤立他。但有一个善良的小女孩，主动和那个孩子交朋友，陪他一起玩耍。慢慢地，大家发现那个孩子虽然身体有残疾，但心地特别善良，还很聪明。后来，整个村庄的小朋友都和他成了好朋友，大家在一起特别开心。"

讲完故事，妈妈看着牛娃的眼睛，认真地说："宝贝，每个人都有自己的特点，有的人可能和我们不一样，但这并不代表他们不好。就像那个坐轮椅的叔叔，他可能因为身体的原因行动不方便，但他也有自己的梦想和快乐。我们不能因为别人的不同就去嘲笑或者排斥他，要学会理解和包容。"

牛娃似懂非懂地点点头。从那以后，妈妈经常带着牛娃和小区里的小朋友一起活动，鼓励牛娃多和不同性格、不同背景的孩子交流。

在班级里，牛娃遇到了一个来自农村的插班生小刚。小刚初来乍到，穿着朴素得甚至有些寒酸，一口带着浓重乡音的普通话，常常引得其他同学哄堂大笑。那些嘲笑声如同尖锐的刺扎在小刚的心上，让他总是低着头，眼神里满是自卑和不安。

牛娃看到这一幕，想起了妈妈给他讲的故事和说过的话。他主动走到小刚身边，脸上带着友善的笑容，轻声说道："小刚，你好呀，我听说你对昆虫很了解，能给我讲讲吗？"小刚有些惊讶地抬起头，看到牛娃真诚的眼神，心中的防备渐渐放下。他开始滔滔不绝地讲起那些有趣的昆虫故事，什么蝉的地下生活、蝴蝶的蜕变过程，讲得绘声绘色。牛娃听得入了迷，眼睛睁得大大的，不时发出惊叹声。

从那以后，牛娃经常和小刚交流，还邀请他一起参加自然观察小组。在自然观察小组里，小刚就像一本活的昆虫百科全书，他的知识和热情感染了每一个人。同学们看到牛娃和小刚相处得如此融洽，也渐渐改变了对小刚的态度。他们不再嘲笑小刚的穿着和口音，而是开始欣赏他的才华和善良。

小刚感受到了大家的接纳和友好，脸上的笑容越来越多，性格也变得开朗起来。他不再是那个躲在角落里默默承受嘲笑的孩子，而是成了班级里受欢迎的一员。而牛娃也因为自己的包容和友善，收获了真挚的友谊，同时也让整个班级变得更加温暖和谐。

家长要明白，家庭教育的引导就像一盏明灯，照亮孩子成长的道路。通过故事、实例等，家长能将包容和理解的种子播撒在孩子心中，让他们

学会站在他人的角度思考问题，接纳不同的观点和习惯。这样，孩子才能在多元的社交环境中茁壮成长，拥有宽广的胸怀和美好的人生。

❹ 有话好好说

江南七怪在与其他武林人士交往时，始终秉持着真诚、友善的态度。即使遇到分歧或冲突，他们也会以和平、理性的方式解决。这种正面的交流方式，为他们赢得了广泛的尊重和友谊。

家长要教导孩子在与人交往中保持积极、正面的态度。遇到矛盾时，鼓励孩子冷静思考，用沟通和协商的方式解决问题，而不是争吵或逃避。同时，要让孩子学会欣赏他人的优点，给予他人正面的反馈。

【案例】

牛娃和同学小明因为一道数学题的解法产生了争执。牛娃坚持自己的方法，小明也不肯让步，两人争得面红耳赤。妈妈得知后，对牛娃说："有不同意见是好事，但要冷静地交流。你可以对小明说，'我觉得你的方法有道理，但我想补充一点……'这样既尊重了对方，又能更好地解决问题。"牛娃照着妈妈的建议去做，小明也欣然接受，两人一起探讨出了更优的解法，友谊也因此更加深厚了。

❺ 冤家宜解

江南七怪在江湖行走，难免会与他人产生冲突。但他们总是以大局为重，先尝试通过和平谈判解决争端，若实在无法调和，才会选择比武，且点到为止，不伤和气。这种处理冲突的方式，使他们在武林中既保持了正义之名，又不失侠义之风。

孩子在社交过程中，与朋友产生冲突在所难免。家长要教会孩子如何正确处理这些情况，如先冷静下来，倾听对方观点，再表达自己的想法，共同寻找解决方案。家长要让孩子明白，冲突并不可怕，关键是要以建设性的方式去面对。

【案例】

牛娃和好友小华在选择课外活动时意见不合。牛娃想去踢足球，小华却坚持去图书馆看书。两人僵持不下，互不相让。妈妈建议牛娃先冷静一下，然后对小华说："我喜欢足球，你喜欢阅读，要不我们各让一步，先去踢会儿球，再一起去图书馆，这样既能满足我的爱好，也能尊重你的兴趣。"小华听了觉得有道理，于是两人愉快地达成了协议。通过这次经历，牛娃学会了如何在冲突中寻求平衡，与朋友相处得更加融洽。

❻ 让沟通成为今日有约

江南七怪在长期的相处中，养成了定期交流的习惯。他们会分享彼此的见闻、感悟，以及在江湖中遇到的困难与挑战。这种定期的沟通，不仅加深了他们之间的友谊，还使他们能够相互学习，共同进步。

定期的沟通是维系亲子关系和了解孩子社交情况的重要手段。家长应安排固定的时间，与孩子进行心与心的交流，倾听他们在学校和朋友之间的趣事与烦恼。同时，鼓励孩子参与家庭决策，让他们感受到被尊重和信任。

【案例】

每周日晚饭后，牛娃家都会进行一次家庭分享会。每个人都要讲述自己一周的经历和感受。这天，轮到牛娃讲了，他兴奋地说："这周我在学校交了一个新朋友，他教我折纸飞机，可酷了！"妈妈微笑着问："那

你们还一起做了什么？"牛娃接着说："我们还一起参加了学校的科技小组，准备做个小机器人呢！"爸爸也加入了讨论："那很棒呀，遇到好的朋友能让生活更有趣。要是遇到什么困难，也要记得和爸爸妈妈说哦。"在温暖的家庭氛围中，牛娃感受到了家人的关心，也更加愿意分享自己的心事。

理论支撑

1. 共情：共情是指个体能够理解和感受他人的情感和体验。侠义精神中蕴含着对他人的关怀和同情，这与共情相契合。江南七怪在面对他人的困境时，总是毫不犹豫地伸出援手，展现出强烈的共情能力。当孩子接触到这种侠义精神，并受到家长的引导去理解和实践时，他们会逐渐学会站在他人的角度思考问题，感受他人的情绪。比如，当孩子看到同学遇到困难，受到侠义精神的鼓舞，他们会更愿意主动去帮助同学，这种共情能力的发展有助于孩子在社交中建立深厚、真挚的友谊。

2. 道德发展理论：美国心理学家劳伦斯·科尔伯格的道德发展理论指出，个体的道德发展是一个逐步深化的过程。侠义精神所包含的正义、勇敢、诚信等价值观，是道德发展的重要组成部分。家长引导孩子领悟侠义精神，就是在促进孩子道德认知的发展。随着孩子对侠义精神的理解和践行，他们的道德水平会不断提高，在社交中会更加注重公平、正义和诚信，从而赢得他人的尊重和信任，为良好的社交关系奠定基础。

总结　借义赋能行社海，凭亲助力谱侠章

在当今社会，孩子如同初入江湖的侠士，需要在复杂的人际关系中摸索前行。家长运用侠义精神的现代诠释，如同为孩子配备了一把锐利的剑

和一面坚固的盾。通过培养社交技能、强调共同兴趣、培养同理心和包容性、鼓励正面交流、处理冲突和分歧以及定期沟通，孩子不仅能广交益友，还能在社交的舞台上绽放光彩。家长的引导和支持，是孩子在社交江湖中乘风破浪的关键力量，助力孩子书写属于自己的侠义传奇。

第三节　全能修炼　东邪秘境

黄药师"琴棋书画"的跨界智慧，培养T型人才

在金庸的武侠世界里，黄药师以其广博的学识和多样的才能著称。他不仅精通琴棋书画，还涉猎医卜星相、农田水利、经济兵法等多个领域，堪称全能型人才。这种跨界智慧使他在江湖中左右逢源，无论是与人交往还是解决问题，都能凭借才能出奇制胜。

现代社会对人才的需求日益多元化，培养孩子的全面发展已成为众多家长的共识。T型人才，即具备广泛兴趣和深厚专业素养的人才，是当今社会所推崇的。横向的广泛兴趣使孩子能够涉猎多个领域，拥有广阔的视野和多元的思维方式；纵向的专业研究则让孩子在某一领域具备扎实的技能和知识，能够在特定领域崭露头角。这种培养模式不仅有助于孩子在未来的学业和职场中取得成功，还能使他们在丰富多彩的人生中找到属于自己的位置。

核心观点　跨界智慧，培养T型人才

> **方法论** 学百宝变社交小达人→点魔灯开启大冒险→筑城堡当成长守护神→树榜样做前行小灯塔→"规电潮"把控电子小调皮→约书友赴阅读欢乐趴→入社区逛新奇大观园→置工具添成长小马达→守成长伴温暖小旅程

❶ 学百宝变社交小达人

黄药师自幼在桃花岛上生活，岛上的环境为他提供了丰富的学习资源和实践机会。他跟随父亲学习医学、天文等知识，又在岛上的藏书阁中研读各种典籍，广泛涉猎琴棋书画、奇门遁甲等领域。这种多样化的学习经历，为他日后的全面发展奠定了坚实的基础。

家长应为孩子创造丰富多样的学习环境和体验机会，让他们在不同的领域中探索和尝试。例如，家长可以带孩子参观博物馆、科技馆、美术馆等文化场所，让孩子接触历史、科学、艺术等多方面的知识；也可以鼓励孩子参加各类兴趣班、夏令营等活动，让孩子在实践中感受不同领域的魅力。

【案例】

妈妈决心助力牛娃成为"社交小达人"，开启一场"百宝体验大冒险"。她像变魔法一样，拿出了吉他、羽毛球拍、画画工具等，让牛娃尽情尝试各种活动。

起初，牛娃面对这些新鲜玩意儿，动作显得有些笨拙，就像刚学走路的小娃娃。但没过多久，他就发现每个新活动都像是一个神秘的小宝藏，充满了无尽的乐趣。在弹奏吉他时，他仿佛置身于一场热闹的音乐派对；

挥动羽毛球拍时,又感觉自己化身成了活力四射的运动健将;拿起画笔时,更是如同走进了一个五彩斑斓的梦幻世界。

在整个过程中,妈妈没有像严厉的教官一样强迫他做任何事,而是给予他充分的自由,让他像自由的小鸟一样去选择自己喜欢的活动。最终,牛娃不仅像发现了新大陆一样找到了新兴趣,还学会了像勇敢的小探险家一样去探索更多有趣的世界!

❷ 点魔灯开启大冒险

黄药师在学习过程中,从不局限于传统的教条,而是敢于质疑、勇于尝试。他在研究奇门遁甲之术时,不仅学习前人的经验,还结合自己的理解进行创新和改进。这种探索精神使他在多个领域都有独特的见解和成就。

家长要鼓励孩子保持好奇心和探索欲,敢于尝试新事物、新方法。当孩子对某个领域表现出兴趣时,即使这种兴趣看起来有些奇特或不切实际,家长也应给予支持和鼓励,让孩子在尝试中发现自己的潜力和热情。

【案例】

牛娃对画画没什么兴趣,总是抱怨自己画得糟糕,动不动就想打退堂鼓。妈妈心想,得给这小家伙"点上一盏魔灯",开启一场大冒险,说不定能挖掘出他潜藏的热情呢。

于是,妈妈温柔且坚定地告诉牛娃:"宝贝,你不需要一开始就画得像大师一样好,重要的是你愿意勇敢地去尝试,这就已经迈出了超棒的一步!"牛娃听了,半信半疑地勉强拿起画笔。刚开始,他画的线条歪歪扭扭,就像一条条调皮的小蛇在纸上乱爬,连他自己看了都忍不住

笑出了声。

可妈妈就像一位充满智慧的探险向导，眼睛里闪烁着鼓励的光芒，对牛娃说："哇，你画得太棒啦！每一笔都是你自己独一无二的创作，这可是别人都没有的宝藏呢！"在妈妈不断地鼓励下，牛娃仿佛被一股神秘的力量牵引着，渐渐沉浸在了画画的世界里。虽然他的画作还不算出色，但他却乐在其中，就像一位勇敢的小探险家，在绘画的奇妙世界里尽情探索，明白了尝试本身就是这场冒险中最珍贵的收获。

3 筑城堡当成长守护神

桃花岛不仅是黄药师的居住之地，更是他成长的摇篮。岛上的环境充满挑战和机遇，黄药师在岛上自由探索，不断尝试新的事物。他的父亲虽然对他要求严格，但在黄药师遇到困难时，也会给予适当的指导和支持，使黄药师能够在安全的环境中不断成长。

家长要为孩子营造一个充满爱与支持的家庭环境，让孩子在尝试和犯错时感到安全和被接纳。当孩子遇到挫折或失败时，家长不应指责或嘲笑，而应给予鼓励和帮助，让孩子明白失败是成长的一部分，从而勇敢地面对挑战。

【案例】

在牛娃的成长旅程中，妈妈决心为他"筑起一座坚固的城堡"，当好他成长路上的"守护神"。

有一天，牛娃兴致勃勃地尝试骑滑板车。可滑板车就像个调皮的小怪兽，几次三番把他摔倒在地。牛娃的小脸瞬间垮了下来，心里犯起了嘀咕，觉得自己永远也学不会这项技能。

妈妈看到这一幕，就像城堡里温柔的守护者，快步走过去，轻轻拍了拍他的肩膀，温柔地说："宝贝，没关系呀，摔倒了只是成长交响曲里的一段小插曲，谁都不可能一开始就奏出完美的乐章。"说着，妈妈笑着加了一句："还记得你第一次学走路的时候吗？那时候也跌倒过好多次呢，结果现在呀，你走得比我还快！"

牛娃听了这话，眼睛里重新燃起了希望的光芒，心里那股难受劲一下子就没了。他咬了咬牙，重新站起来，紧紧握住滑板车的把手，就像小勇士握住了自己的宝剑，继续尝试。

时间一点点过去，几个小时后，牛娃终于能稳稳地滑行啦！妈妈看到这一幕，脸上绽放出欣慰的笑容，说道："看呀，失败并不可怕，它只是成功路上的垫脚石，只要勇敢向前，就能到达胜利的彼岸！"

从那以后，牛娃就像得到了庇护的小勇士，开始更加勇敢地面对挑战，不再害怕失败。因为他知道，每一次尝试都是让自己变得更强的魔法药水，而妈妈这座"城堡"，会永远在他身后守护着他。

❹ 树榜样做前行小灯塔

黄药师在桃花岛上的生活，不仅是一个人的修炼，更是对整个桃花岛发展的规划与实践。他将自己所学应用于岛上建设，如改进农业种植方法、设计巧妙的防御工事等。他的行为为岛上的众人树立了榜样，激励着他们不断学习和进步。

家长是孩子的第一任老师，孩子的行为和兴趣往往受到家长的直接影响。家长应以身作则，展示对学习和探索的热情，积极参与各种活动，让孩子在耳濡目染中受到影响，激发自己的兴趣和动力。

【案例】

在牛娃成长的漫漫征途中，爸爸决心"树起一座榜样的小灯塔"，为他照亮前行的道路。

有一天，爸爸正全神贯注地修车，那专注的模样就像一位技艺精湛的工匠在雕琢一件珍贵的艺术品。牛娃好奇得像只小猫咪，一下子凑过来，眼睛里闪烁着求知的光芒，问道："爸爸，我也能学会修车吗？"爸爸抬起头，脸上洋溢着温暖的笑容，坚定地回答："当然可以呀，只要你有兴趣，就没有学不会的事！"

于是，爸爸开始手把手地教牛娃如何使用工具，那认真细致的样子，仿佛在传授世间最珍贵的技艺。爸爸还耐心地教牛娃检查轮子，从轮子的纹路到螺丝的松紧，每一个细节都不放过。牛娃一开始操作起来有些笨拙，就像刚学走路的小鸭子，但爸爸始终在一旁鼓励着他，那鼓励的话语就像灯塔发出的明亮信号，指引着牛娃不断前进。

在爸爸的悉心教导下，牛娃逐渐掌握了修车的技巧。他兴奋地发现自己也能像爸爸一样，让一辆"生病"的车重新"跑"起来。

其实，家长的兴趣和态度就像前方的灯塔，直接影响着孩子。当爸爸积极追求自己的兴趣，并且毫无保留地与牛娃分享时，牛娃就像被榜样的小灯塔吸引的小船，自然会被激发出探索的欲望。在爸爸这座灯塔的照耀下，牛娃逐渐培养出了广泛的兴趣爱好，在成长的海洋中勇敢地扬帆起航。

❺ "规电潮"把控电子小调皮

在黄药师的时代,虽然没有现代的电子设备,但他深知沉迷于单一事物会阻碍全面发展。因此,他鼓励自己和岛上的弟子们多参与户外活动,避免过度沉迷于书本知识或某种技艺的练习。

在数字化时代,电子设备虽然为学习和娱乐提供了便利,但过度使用会严重影响孩子的身心健康和全面发展。家长应合理安排孩子使用电子设备的时间,鼓励孩子参与更多的线下活动和实践活动,让孩子在真实的世界中体验和成长。

【案例】

在数字化浪潮汹涌的当下,电子设备就像一群调皮的小精灵,稍不留意就会把孩子"拐跑"。牛娃就是个被这些小精灵迷得团团转的"电子产品迷",整天都沉浸在电视、电脑和手机的虚拟世界里,眼睛都快变成"屏幕"啦,妈妈看在眼里,急在心里。

为了帮牛娃"规电潮",把控住这些小精灵,妈妈决定来一场"大变身",带着牛娃去花园开启一场种花大冒险。"宝贝,今天你来当小小科学家,咱们一起试试种花,把这些小精灵先放一边!"妈妈笑着说。

牛娃一脸蒙,挠挠头说:"种花?我在游戏里种了好多植物了,可厉害啦!"妈妈笑着摇摇头,耐心地说:"今天咱们可不只是在游戏里种,而是要亲自动手,看看这些小种子是怎么像变魔术一样变成美丽的花朵的。"

牛娃半信半疑地开始动手,没想到很快就沉浸在了种花的乐趣中。他一会儿小心翼翼地挖坑,一会儿轻轻地把种子放进去,一会儿又认真地浇

水，忙得不亦乐乎。他兴奋地说："妈妈，种花比玩游戏有意思多啦！这些种子就像我的小宝贝，我要看着它们长大！"

妈妈点点头，语重心长地说："看吧，亲身体验的乐趣可是虚拟世界给不了的。只有自己动手做事情，才能获得真正的成就感！"

从那以后，牛娃就像被施了魔法一样，不再只埋头盯着屏幕，而是开始尝试更多的实践活动。他明白了，虽然电子产品能提供很多资源，但成长和创造力最需要的还是亲身体验和动手做，这样才能真正把控住那些小精灵，让自己在真实的世界中茁壮成长。

6 约书友赴阅读欢乐趴

黄药师在桃花岛的藏书阁中度过了大量时光，阅读各类经典著作。通过阅读，他不仅增长了知识，还拓宽了视野，能够从不同的角度思考问题。这种深厚的阅读积累，使他在面对复杂局势时能够引经据典，提出独到的见解。

阅读是孩子获取知识、拓宽视野的重要途径。家长应鼓励孩子多读书，读好书，为孩子提供丰富的图书资源，并与孩子一起讨论书中的内容，激发孩子的思考和想象力。

【案例】

妈妈心里琢磨着，得给牛娃"约个书友"，一起赴一场"阅读欢乐趴"，让他在书的海洋里尽情撒欢。

这天，妈妈像变魔术一样拿出一本探险小说，笑着说："宝贝，今天咱们跟电视说拜拜，来和这位超厉害的'书友'交朋友吧！这本书讲的是一个小孩和他的狗在丛林里探险的故事，那刺激程度，绝对不亚于一场超级大冒险！"

牛娃半信半疑地接过书，开始读起来。嘿，这故事一开头就像一只无形的大手，紧紧抓住了他的心。他仿佛跟着小孩和他的狗一起钻进了那片神秘的丛林，一会儿为他们的惊险遭遇捏把汗，一会儿又为他们的小发现欢呼雀跃。他感觉这比看电视有意思多啦，电视里的画面哪有书里想象的空间大呀！

从那以后，牛娃就像被"阅读欢乐趴"施了魔法一样，每天都主动找书读。他的眼睛里不再只有电视屏幕闪烁的光，而是对书里那个冒险和惊喜的世界充满期待。他还像个好学的小探险家，开始向妈妈请教："妈妈，我也能像书里的主人公一样勇敢，去经历那些奇妙的冒险吗？"

通过阅读，牛娃就像打开了一扇通往新世界的大门，不仅拓宽了视野，还激发了他更强的好奇心和想象力，仿佛自己也成了一个能在书的世界里自由穿梭的小勇士。

7 入社区逛新奇大观园

黄药师不仅在桃花岛上修炼，还会不时参与江湖事务。他通过与其他武林人士的交往和合作，不断学习新的知识和技能，同时也将自己的才能用于帮助他人、解决江湖纷争，提升了自己在武林中的声望和影响力。

在当今社会，孩子成长的环境日益多元化，然而，不少孩子却被困在电子屏幕筑起的高墙内，与真实而多彩的社会生活渐行渐远。社区作为社会的基本单元，蕴含着丰富的教育资源，为孩子提供了与不同年龄段、不同背景的人交流和合作的机会。家长应鼓励孩子参与社区组织的各类活动，如志愿者服务、文化活动、体育比赛等，让孩子在实践中锻炼社交能力、

团队合作能力以及解决问题的能力。

【案例】

这天，妈妈拉着牛娃来到了读书会。一走进那充满书香气息的地方，牛娃就像被一股神秘的力量吸引住了。他眼睛亮晶晶的，积极地参与到阅读活动中，小脑袋瓜转得飞快，回答问题的时候头头是道，还得到了大家热烈的掌声和赞赏。那场面，就像一颗小星星在夜空中闪闪发光。

接着，妈妈又带着牛娃来到了博物馆。当牛娃站在那巨大的恐龙化石面前时，他惊讶得嘴巴都合不拢了，眼睛瞪得像铜铃一样大，仿佛穿越到了远古时代。他兴奋地学习着关于恐龙的新知识，就像一块干涸的土地，拼命地吸收着知识的甘霖。

最后，他们来到了公园，参加自然探险活动。牛娃就像一个小小的探险家，这儿瞅瞅，那儿看看，不一会儿就发现了许多有趣的昆虫和植物。他一会儿蹲下来观察蚂蚁搬家，一会儿又兴奋地指着一朵不知名的小花，让妈妈看它多美丽。

通过这些丰富多彩的社区活动，牛娃就像打开了一个装满宝藏的百宝箱，不仅增长了见识，还发现了一个比电视和游戏更有趣、更精彩的世界。他就像一只羽翼渐丰的小鸟，在社区这个"大观园"里，不断地锻炼着自己的社交能力、团队合作能力以及解决问题的能力，准备飞向更广阔的天空。

8 置工具添成长小马达

黄药师在桃花岛上拥有丰富的资源，如藏书阁中的各类书籍、炼丹房中的药材和工具等。这些资源为他的学习和研究提供了坚实的物质基础，使他能够尽情地探索自己的兴趣和才能。

在社会大环境中，为孩子提供适配资源，恰似给成长之车添置"小马达"，能助力他们加速前行。家长应根据孩子的兴趣和需求，提供相应的资源和工具。这些资源可以是书籍、乐器、体育器材等实物资源，也可以是在线课程、辅导资料等信息资源，帮助孩子更好地发展自己的兴趣和才能。

【案例】

一次，爸爸见牛娃拿着破旧画笔乱涂，便带他到文具店选了套崭新的绘画工具。新画笔和颜料像神奇的钥匙，为牛娃打开了艺术之门。

回家后，牛娃迫不及待创作，仿佛置身艺术世界。随着勾勒线条，他渐渐发现了绘画乐趣，像在森林中寻得宝藏。

后来，爸爸留意到牛娃对音乐有兴趣，又给他买了吉他。牛娃初弹时声音刺耳，但爸爸耐心鼓励，如温暖向导陪伴他摸索。

牛娃刻苦练习，不久后学会弹奏简单曲目，眼中满是自豪。他还在家中举办"家庭音乐会"，欢快旋律如春风拂面。

爸爸提供的资源，点燃了牛娃的兴趣火种，拓展了他的能力，增强了自信心。他如装上"小马达"的成长之车，在人生路上飞驰。

❾ 守成长伴温暖小旅程

黄药师在成长过程中，得到了父亲的悉心教导和支持。他的父亲虽然对黄药师要求严格，但在黄药师遇到困难和挫折时，总是给予鼓励和指导，帮助他克服困难，继续前行。这种持续的支持使黄药师能够在多个领域不断探索和进步，最终成为一代宗师。

孩子的成长是一个长期的过程，家长的支持和鼓励应贯穿始终。即使孩子在某个阶段对某项兴趣失去热情，家长也应保持耐心，与孩子沟通交流，了解他们的想法和需求，帮助他们找到新的方向和动力。

【案例】

有一天，牛娃突然对妈妈说："我不想再画画了，太无聊了。"妈妈一听，心里有点失落。她知道，之前牛娃一直对画画很感兴趣，可现在他突然放弃了，觉得有点可惜。于是，她平静地问："那你想做什么呢？"牛娃眼睛一亮，说："我想学吉他！"妈妈没有急着拒绝，而是笑着点了点头："好呀，那我给你报个吉他班，看看你能不能喜欢。"于是，妈妈为牛娃准备了一把吉他，陪他一起去上课。刚开始，牛娃学得有点吃力，手指疼、学不快，他有点灰心。但妈妈耐心地鼓励他："没关系，慢慢来，学习就是一点一点积累的过程。"渐渐地，牛娃开始享受弹吉他的乐趣，手指也不再那么疼，演奏出一首首简单的旋律。妈妈看在眼里，心里充满了欣慰，知道孩子终于找到了自己新的兴趣。妈妈也明白了，培养孩子的兴趣，就像种树一样，不能强迫他去做自己不喜欢的事，而是要给他足够的空间去探索，允许他有变动的阶段。每个孩子的兴趣都在不断变化，只要给他们机会，他们总能找到属于自己的那片天地。

【理论支撑】

1. 多元智能理论：该理论认为人类的智能是多元的，包含语言、逻辑—数学、空间等多种智能。孩子智能优势组合不同，T型培养模式契合该理论，鼓励孩子涉猎多领域可激发不同智能潜力，如音乐活动培养音乐智能，社区活动锻炼人际交往能力。

2. 建构主义学习理论：该理论认为知识是学习者在情境中借助他人帮助，利用资料通过意义建构的方式获得的。培养T型人才需要多样体验与资源，如通过书籍、工具、社区活动来构建学习情境，孩子通过交流合作、自主探索建构知识体系。

总结　借智黄师开胜境，引儿前路绽芳华

在当今社会，孩子如同初入江湖的侠士，需要在复杂的人际关系和多元的知识领域中摸索前行。家长运用黄药师的跨界智慧，如同为孩子配备了一把开启多元世界大门的钥匙。家长通过提供多样化体验、鼓励探索尝试、创造支持环境、成为榜样、限制电子设备、鼓励阅读、参与社区活动、提供资源工具等，不仅能培养孩子广泛的兴趣，还能让其在特定领域深入发展，成为T型人才。家长的引导和支持，是孩子在成长江湖中乘风破浪的关键力量，助力他们书写属于自己的辉煌篇章。

第四节　情窦初开　慧眼识珠

武氏兄弟"爱情扰"的破解之道，守护青春的纯真

在金庸的武侠世界里，杨过凭借精妙的武功和巧妙的招式，化解了与武氏兄弟的冲突，却意外遭遇二人因情生痴、决意轻生的极端状况。武三通（武氏兄弟的父亲）上前制止，让我们看到在情感漩涡中，长辈的正确引导至关重要。现实中的早恋问题，恰似这江湖情仇的缩影。青春期孩子

初涉情感，家长若处理不当，轻则破坏亲子关系，重则将孩子推向极端。因此，家长要学会稳住阵脚，理解孩子情绪，成为他们的"人生参谋"，引导他们走过这段"心跳加速"的青春岁月。

核心观点 破解爱情扰，守护青春纯真

方法论 持冷静启沟通门扉→建信任搭心灵虹桥→传知识照成长坦途→定规则护青春航线→引观念树恋爱正观→重关怀护心理健康

❶ 持冷静启沟通门扉

在金庸的武侠世界里，杨过面对武氏兄弟的爱情困扰，保持了冷静的态度，通过巧妙的行动和言语引导，避免了悲剧的发生。他深知直接冲突只会加剧矛盾，因此选择以平和的方式介入。他先是轻松地与兄弟俩交谈，了解他们对郭芙的真实情感，再以幽默和智慧化解他们心中的执念。这种冷静的处理方式，不仅缓和了紧张的气氛，更为后续的引导奠定了基础。

当家长发现孩子可能陷入早恋时，应保持冷静，避免情绪化的反应，以平和的心态与孩子进行沟通，了解他们的真实想法和感受。家长可以先观察孩子的行为变化，如是否出现情绪波动、学习注意力下降等情况，然后，选择一个轻松的方式，与孩子进行自然的对话，而不是直接质问或指责。在对话中，家长要表现出理解和接纳的态度，让孩子感受到被尊重，从而愿意敞开心扉。

【案例】

妈妈发现牛娃对班里新来的女生有好感,每次提到这位同学他就满脸通红、支支吾吾的。妈妈没有急躁或直接批评,而是深吸一口气,以平和的心态开启对话。她轻松地问:"哦?她哪里好看呀,头发还是眼睛?"牛娃打开了话匣子,描述女生的优点。妈妈倾听后,引导牛娃思考自我提升的重要性。

❷ 建信任搭心灵虹桥

杨过在处理武氏兄弟的爱情困扰时,通过真诚的交流和理解,赢得了兄弟俩的信任,为后续的引导打下了基础。他不仅关注兄弟俩的爱情困扰,还关心他们的生活和成长,与他们建立了深厚的友谊。

家长需要主动搭建与孩子的沟通桥梁,让孩子感受到信任与支持。当孩子遇到情感问题时,他们才能够放心地向家长倾诉。家长可以通过日常的陪伴和关心,了解孩子的兴趣和需求,参与他们的生活,从而建立深厚的感情基础。

【案例】

牛娃因与同学吵架而情绪低落,妈妈敏锐地察觉到他的异常,用轻松的语气开启对话。她问:"今天学校怎么样?是不是又被老师夸奖了?"在牛娃犹豫时,她进一步表达关心:"发生了什么事?快告诉妈妈,我可是你的'神助攻'。"牛娃最终道出了心事,妈妈的关心和引导帮助他化解了困惑。

❸ 传知识照成长坦途

在金庸的武侠世界里，杨过不仅传授弟子武功，还通过言传身教，引导他们树立正确的爱情观和人生观。他以自己的经历和智慧，教导弟子们如何在感情与责任之间找到平衡，避免因情感问题而迷失方向。

家长有责任为孩子提供正确的性教育，帮助他们理解爱情的真谛，避免因无知而陷入情感的漩涡。在孩子的成长过程中，家长要适时、适度地开展性教育，用科学、健康的方式引导孩子认识性与爱，让他们明白爱情不仅仅是情感的表达，更是一种责任和承诺。

【案例】

牛娃收到情人节卡片，妈妈没有回避或斥责，而是以轻松的方式开启对话。她问："牛娃，今天学校有什么有趣的事啊？"牛娃递上卡片，小声说："有个女生给了我这个，我该怎么办？"妈妈思考后说："喜欢一个人很正常，但现在你的主要任务是学习。"她还教牛娃如何礼貌回应女生的好意，将学习与感情进行平衡。

❹ 定规则护青春航线

在金庸的武侠世界里，武三通在处理儿子们的爱情困扰时，既给予了他们一定的自由，又设定了明确的界限，引导他们在正确的轨道上前行。他既尊重儿子们的情感，又强调了责任和担当，使他们明白不能因感情而荒废学业和武功。

家长在尊重孩子隐私的同时，需要设定合理的行为界限和规则，确保孩子在健康、安全的环境中成长。家长可以与孩子共同制定规则，明确在学习、社交、娱乐等方面的要求，并监督孩子遵守。同时，家长也要以身作则，为孩子树立良好的榜样。

【案例】

牛娃在客厅玩手机，妈妈发现屏幕上闪着暧昧的聊天记录。她没有直接没收手机，而是以轻松的语气开启对话："聊得这么开心，跟谁啊？"在牛娃结巴地回答后，她语重心长地说："交朋友是好事，但咱家有规矩，比如十点得睡觉，对吧？我尊重你的隐私，但你也得守规矩，别把学习耽误了。"这让牛娃明白了规则的重要性。

❺ 引观念树恋爱正观

杨过在处理爱情困扰时，通过恰当的引导，让武氏兄弟明白爱情需要责任和尊重，帮助他们树立了正确的恋爱观。他以自己的经历和智慧，教导兄弟俩如何在感情中保持自我，追求真正的幸福。

家长需要引导孩子正确看待恋爱关系，理解爱情中的责任与尊重，避免因情感问题影响学业和成长。家长可以通过分享自己的经历和见解，与孩子探讨爱情的真谛，让他们明白真正的爱情是基于相互尊重、理解和支持的。

【案例】

牛娃对班上一女同学有好感，妈妈以成熟的态度与他探讨恋爱与责任。她说："喜欢别人很正常，但恋爱需要责任和尊重。"牛娃疑惑地问："责任？和写作业有关？"妈妈解释说："责任是既要顾好自己的未来，也要顾好她的学业和未来。"牛娃明白了恋爱与责任的关系，开始学会平衡学业和感情。

6 重关怀护心理健康

在金庸的武侠世界里，杨过不仅关注武氏兄弟的武功修炼，还关心他们的心理健康，帮助他们走出情感的阴影。他以朋友的身份倾听兄弟俩的烦恼，给予他们情感上的支持和鼓励。

家长需要关注孩子的心理健康，及时发现并解决他们在早恋过程中可能遇到的心理问题，避免孩子因情感困扰而产生不良情绪。家长要多与孩子交流，了解他们的内心世界，当孩子出现情绪波动时，给予及时的安慰和引导。

【案例】

牛娃回家后情绪低落，趴在沙发上闷不吭声。妈妈察觉不对，放下手里的瓜子，挪到他身边关心地问："你今天看起来不太开心，愿意和妈妈说说发生什么事了吗？"见牛娃摇头，她温和地说："不管遇到什么，说出来或许会舒服些，妈妈在这儿听你讲。"牛娃最终道出了与朋友吵架的事，妈妈的耐心倾听和引导帮助他化解了负面情绪。

理论支撑

1.埃里克森心理社会发展理论：青春期的主要任务是建立自我同一性和防止角色混乱。家长在孩子面对情感问题时表示理解并支持，帮助其通过探索不同的角色和身份，形成积极的自我认同；反之，粗暴禁止或忽视会让孩子感到困惑、孤独，就可能会出现角色混乱，阻碍自我同一性的建立。

2.认知发展理论：青春期孩子处于形式运算阶段，思维有抽象逻辑性但缺经验和判断力，面对爱情时易被表象迷惑。家长传授知识和经验，提高孩子认知水平，能让他们理性地认识爱情，如探讨爱情本质、责任义务，明白爱情须具备责任感。

总结 巧导早恋明责任，细护心灵懂自尊

面对孩子的早恋问题，家长应避免简单粗暴的禁止或忽视，而是以智慧和耐心为孩子提供正确的引导。通过保持冷静、建立信任、提供正确的性教育、设定合理的界限、引导正确的恋爱观以及关注心理健康，帮助孩子在青春期的情感波动中，懂得责任、尊重和自我价值，从而健康成长，走向成熟。

第五节 天生我才 标签破咒

慕容复"聪明反被聪明误"的警示，激活多元智能密码

在金庸的武侠世界里，慕容复因过于依赖自己的聪明才智，最终落得个可悲的下场。他将"聪明"当作人生唯一的王牌，却忽视了脚踏实地和努力积累的重要性。这警示我们，在孩子的教育中，家长若一味地夸孩子聪明，可能让他们误以为天赋就能战胜一切，从而忽略努力和积累的价值。

核心观点 激活多元智能密码

方法论 别急着"贴标签"→别光盯着成绩那点事儿→别像吹气球一样期望孩子的进步→适度期待让孩子"轻装上阵"→学习不是"赶鸭子上架"

❶ 别急着"贴标签"

慕容复从小被家族寄予厚望，被誉为天才，但这种过度的期望和标签化，使他背负了巨大的心理压力。为了维护家族荣誉，他不断压抑自己的真实情感和需求，最终导致心理扭曲。他的悲剧提醒我们，过度的标签和期望可能成为孩子成长的枷锁。

家长应避免给孩子贴上诸如"聪明""笨拙"等标签，这些标签会限制孩子的自我认知和发展空间。相反，家长应鼓励孩子正确认识自己，接纳自己的优点和不足，以开放的心态面对未来。

【案例】

牛娃学习成绩一直十分优异，每次考试都能轻松名列前茅。老师和同学们都对他赞不绝口，一个劲地夸他聪明过人，仿佛他就是天生的学习天才。牛娃听了这些夸奖，心里那叫一个美，渐渐变得骄傲自大起来，觉得自己就是学习的王者，根本不需要像其他同学那样刻苦努力。

新学期开学，班里转来了一位新同学。这位新同学不仅学习成绩和牛娃不相上下，而且学习态度特别端正，每天都争分夺秒地学习，那股子勤奋劲就像上了发条的小马达。在和新同学的较量中，牛娃渐渐感到力不从心，成绩也开始像坐过山车一样大起大落。

牛娃妈发现了牛娃的变化，她没有像有些家长那样大发雷霆，而是找了个周末的午后，和牛娃坐在沙发上，心平气和地聊了起来。妈妈笑着说："宝贝，天赋就像一颗藏在土里的种子，而努力就是阳光和雨露。只有种子，没有阳光和雨露，它永远也长不成参天大树；只有让种子在阳光和雨露的滋润下茁壮成长，它才能枝繁叶茂，开花结果。"

牛娃听了妈妈的话，若有所思地点点头，红着脸说："妈妈，我知道错了，我以后再也不骄傲了，我会像新同学一样努力学习的。"从那以后，牛娃就像换了一个人似的，每天早早起床读书，晚上认真完成作业，还主动做一些课外练习。经过一段时间的努力，他的成绩又像火箭一样噌噌地往上涨，重新回到了班级的前列。

❷ 别光盯着成绩那点事儿

慕容复将所有精力集中在武功和权谋上，忽视了其他方面的发展，最终导致他心理失衡，走向极端。这警示我们，过度专注于某一领域，而忽视其他方面的发展，可能导致孩子心理失衡和自我认知的偏差。

家长应关注孩子的全面发展，鼓励他们尝试不同的活动和领域，发现自己的兴趣和才能。通过多元化的体验和学习，孩子能够更好地认识自己，找到适合自己的发展方向。

【案例】

牛娃妈深知全面发展的重要性，一心想让牛娃体验丰富多彩的生活。于是，她鼓励牛娃去尝试各种各样的兴趣班，绘画、音乐、体育……

在绘画班里，牛娃仿佛进入了一个五彩斑斓的梦幻世界。他惊喜地发现自己对色彩和形状有着超乎常人的敏感，每一笔勾勒、每一抹色彩，都能精准地表达出他内心的想法。而在体育活动中，牛娃又感受到了团队合作的无穷乐趣。他和小伙伴们一起奔跑、一起拼搏，为了共同的目标齐心协力，那种团结协作的氛围让他深深着迷。

随着在不同领域的深入体验，牛娃渐渐明白，自己并非只能在文化课这一条道路上发光发热，在其他领域同样可以大展拳脚。这种多元化的体

验就像一把神奇的钥匙，打开了牛娃自信的大门。现在的牛娃，脸上总是洋溢着灿烂的笑容，对未来充满了无限的期待。

❸ 别像吹气球一样期望孩子的进步

慕容复家族对他的期望过高，使他始终背负着沉重的心理负担。他为了不辜负家族的期望，不断压抑自己的真实情感和需求，最终导致心理崩溃。这提醒我们，过度的期望会成为孩子成长的沉重负担。

家长应调整对孩子的期望，避免将孩子推向"神童"的位置。每个孩子都有自己的成长节奏和特点，家长应尊重孩子的个性和兴趣，为他们创造一个宽松的成长环境。

【案例】

牛娃学习成绩一直十分出色，大家对他期望很高。可这种期望却像枷锁一般紧紧束缚着他。每次考试，他都担心成绩下滑，会让大家失望，在这种巨大的心理压力下，他的成绩开始出现波动，逐渐下滑。

牛娃妈敏锐地察觉到了儿子的变化，她没有像其他家长那样一味地指责，而是在一个温馨的夜晚，轻轻坐在牛娃身边，温柔地安慰他："宝贝，努力和进步才是真正的力量源泉。一次的成绩并不能代表什么，重要的是你在这个过程中付出了多少努力，有没有比上一次有进步，做真实的自己就好。"

牛娃听了妈妈的话，心中豁然开朗，仿佛卸下了千斤重担。他不再纠结于别人的期望，而是以轻松的心态投入学习中。课堂上，他更加专注地听讲；课后，他认真完成作业，还主动拓展学习。经过一段时间的努力，他的成绩又稳步提升，脸上也重新绽放出了自信的笑容。

❹ 适度期待让孩子"轻装上阵"

慕容复虽然聪明，但他过于依赖外部的认可和家族的期望，缺乏自主学习的内在动力。他的学习和努力并非出于对知识的热爱或个人的成长愿望，而是为了维护家族的荣誉和自己的形象。这种外在驱动的学习方式，使他在面对挫折时容易失去方向，陷入困境。

家长应注重培养孩子的自主学习能力，激发他们的内在学习动力，通过引导孩子设定个人目标、自我管理时间和自我评估学习成果，让孩子成为学习的主人。

【案例】

牛娃之前学习总是有些被动，缺乏主动性。牛娃妈看在眼里，急在心里，便决定引导他培养自主学习的能力。

妈妈鼓励牛娃为自己设定清晰的学习目标，并围绕这些目标制订详细的学习计划。起初，牛娃还有些迷茫，不知道该从何入手。妈妈便耐心地和他一起分析他的学习现状，探讨他的兴趣爱好和未来想达成的目标。在妈妈的引导下，牛娃逐渐找到了方向。

他开始认真思考自己为什么要学习，学习对自己意味着什么。经过一番思索，牛娃明白了学习不仅仅是为了取得好成绩，更是为了让自己变得更加优秀，拥有更多的选择。

有了明确的目标和计划后，牛娃开始主动管理自己的时间。他不再像以前那样，学习的时候想着玩，玩的时候又担心学习。他会根据学习任务的重要性和紧急程度，合理安排学习和休息的时间。比如，他会利用课间休息放松一下大脑，提高下一节课的学习效率；晚上完成作业后，会预留

一些时间阅读自己喜欢的书籍，拓宽自己的知识面。

随着时间的推移，牛娃的学习效率和成绩都有了显著的提高。他不再是那个被动学习的孩子，而变得积极主动，对学习充满了热情。他就像一艘找到了航向的船只，在知识的海洋中乘风破浪，勇往直前。

❺ 学习不是"赶鸭子上架"

慕容复的生活圈子和经历相对单一，主要围绕着家族的复兴和权谋斗争。这种局限性使他缺乏对世界的全面认识和对不同事物的体验，导致他的视野狭窄，难以适应复杂的社会环境。

家长应为孩子提供丰富多样的学习和生活体验，拓宽孩子的视野，培养他们的适应能力和综合素质。通过接触不同的文化、参与各种活动，孩子能够更好地理解世界，找到自己的兴趣和激情。

【案例】

牛娃妈深知拓宽孩子视野的重要性，一心想让牛娃见识更广阔的天地。于是，她带着牛娃踏上了各种社会实践活动的奇妙之旅。

他们投身志愿者服务，在社区的关爱活动中，牛娃学会了关心他人、奉献爱心。他和小伙伴们一起为孤寡老人送去温暖，陪他们聊天解闷儿，帮他们打扫房间。在这个过程中，牛娃感受到了付出的快乐，也懂得了责任的意义。

文化体验活动让牛娃仿佛穿越了时空的隧道。他走进古老的博物馆，凝视着那些承载着历史记忆的文物，聆听着它们背后的故事，对不同的历史文化有了更深刻的理解；他参加民俗节庆活动，穿上传统服饰，品尝特色美食，亲身感受着传统文化的魅力。

户外探险更是让牛娃收获满满。他和小伙伴们一起攀登高山，在陡峭的山路上勇往直前，锻炼了坚韧不拔的毅力；他穿越丛林，观察着各种珍稀的动植物，领略了大自然的神奇与美妙。

在这些丰富多彩的活动中，牛娃不仅锻炼了自己的社交能力和团队合作精神，还对不同的文化和生活方式有了更为深入的了解。他的视野变得像广袤的天空一样开阔，心中对未来充满了无尽的期待和美好的想象。他就像一颗正在茁壮成长的幼苗，在多样化的体验中汲取着养分，向着更加光明的未来蓬勃生长。

理论支撑

自我决定理论：该理论强调人类行为的自主性和内在动机的重要性，认为个体有三种基本的心理需求，即自主需求、胜任能力需求和关系需求。当这些需求得到满足时，个体更有可能产生内在动机，主动地去探索、学习和成长。自主需求是指个体希望能够自主地决定自己的行为；能力胜任需求是指个体渴望在自己从事的活动中体验到能力和成就感；关系需求则是指个体需要与他人建立亲密、支持性的关系。

总结 拒贴成长标签，共赴多元新程

孩子的成长是一个复杂而多样的过程，家长在其中扮演着至关重要的角色。通过避免给孩子贴标签、关注全面发展、避免过度期望、培养自主学习和提供多样化体验，家长可以为孩子创造一个更加健康、宽松和富有挑战的成长环境，让孩子在多元智能的滋养下，绽放出属于自己的独特光芒。

第四篇　智领未来 AI 育儿经

第一节　人机协作的教育新纪元

与 DeepSeek 共舞，开辟全新育儿之路

在金庸的武侠世界里，倚天剑是江湖中的传奇兵器，削铁如泥，威力无穷。而在如今的教育江湖中，AI 就如同倚天剑，以其强大的数据分析和智能算法，为家长披荆斩棘，开辟出一条全新的育儿之路。今天，就让我们一起走进牛娃的家庭，看看他们是如何与 AI 共舞，开启智慧育儿的新纪元。

核心观点　人机协作，智慧育儿

在现代社会，AI 已经深入我们生活的方方面面，教育领域也不例外。AI 育儿并不是要完全取代家长，而是作为家长的得力助手，帮助家长更好地了解孩子，提供个性化的教育方案。张无忌使用武器在江湖中所向披靡，家长与 AI 也需要紧密合作，共同为孩子的成长保驾护航。

方法论　成长数据雷达→个性化育儿宝盒→情绪安抚大师

❶ 成长数据雷达

在倚天屠龙的江湖传说里，张无忌凭借敏锐的洞察力，总能精准捕捉对手招式中的细微破绽。而在 AI 育儿的新时代，AI 如同永不休眠的"成长数据雷达"，时刻监测并分析着孩子成长过程中的点滴细节，为科学育儿提供数据支撑。

AI 可以通过各种智能设备和软件，收集孩子的学习、生活、健康等多方面的数据。这些数据包括孩子的学习成绩、作业完成情况、兴趣爱好、睡眠质量、饮食习惯等。通过对这些数据的分析，AI 能够为家长提供全面、深入的育儿建议。

根据教育心理学的研究，孩子的成长是一个复杂的过程，受到多种因素的影响。通过收集和分析孩子的成长数据，家长可以更好地了解孩子的成长需求，及时发现问题并采取相应的措施。AI 为家长提供了强大的数据支持，帮助家长作出更科学的育儿决策。

【案例】

牛娃的妈妈最近发现孩子在学习上有些力不从心，但又不知道问题出在哪里。于是，她决定借助 AI 的力量。她给牛娃的书包里装上了一个智能学习设备，这个设备可以记录牛娃每天的学习时间、学习内容、作业完成情况等数据。同时，她还在家里安装了几个智能摄像头，用来观察牛娃的生活习惯和行为表现。经过一段时间的数据收集和分析，AI 给出了详细的报告：牛娃每天的学习时间虽然很长，但是效率不高，经常在做作业的时候分心玩手机；而且，牛娃的睡眠时间不足，导致白天上课时精神不振。根据这些建议，牛娃的妈妈调整了孩子的学习计划，限制了他玩手机的时

间，并且保证他每天有足够的睡眠时间。慢慢地，牛娃的学习成绩有了明显的提高，精神状态也好了很多。

❷ 个性化育儿宝盒

在《倚天屠龙记》中，张无忌身负九阳神功与乾坤大挪移两大奇功，手持倚天剑时，能以敏锐的武学洞察力，根据玄冥二老的阴毒掌力、周芷若的诡异剑招等不同对手的武功特点，因势利导地施展出或刚猛破敌、或借力卸力的克敌之策。在 AI 育儿时代，AI 恰似深谙育儿"九阳真经"的隐世高人，依托对每个孩子性格禀赋、成长节奏的深度解析，为家长定制契合其独特成长脉络的个性化育儿良方，助其在人生长路上稳步精进。

每个孩子都是独一无二的，他们的性格、兴趣、学习方式等都有所不同。AI 可以通过对孩子的数据进行分析，了解孩子的个性特点和成长需求，为家长提供个性化的育儿建议。这些建议包括孩子的学习计划、兴趣培养、行为矫正等方面。

【案例】

牛娃是个性格比较内向的孩子，不太喜欢和别人交流。他的爸爸发现这个问题后，很担心孩子的社交能力会受到影响。于是，他向 AI 寻求帮助。AI 通过对牛娃的数据进行分析，发现牛娃对绘画很感兴趣，而且在绘画方面有一定的天赋。于是，AI 为牛娃推荐了一些绘画课程和绘画比赛，并且建议爸爸鼓励牛娃参加一些绘画社团和活动。同时，AI 还为牛娃制订了一份个性化的学习计划，帮助他在学习的同时，发展自己的兴趣爱好。在 AI 的帮助下，牛娃逐渐变得开朗起来，不仅在绘画方面取得了很大的进步，还结交了很多志同道合的朋友。

3 情绪安抚大师

张无忌的九阳神功能够化解各种内力攻击，让对手失去战斗力。而在 AI 育儿时代，AI 也能够像九阳神功一样，化解孩子的情绪问题，让孩子保持良好的心态。

孩子在成长过程中，难免会遇到各种情绪问题，如焦虑、抑郁、愤怒等。这些情绪问题如果得不到及时的解决，会影响孩子的身心健康。AI 可以通过语音识别和情感分析技术，及时发现孩子的情绪变化，并为家长提供安抚建议。

【案例】

牛娃最近因为和小伙伴闹矛盾，情绪一直很低落。他的妈妈发现后，很担心孩子会因此影响学习和生活。于是，她打开了 AI 育儿软件的情绪安抚功能。AI 通过和牛娃的对话，了解到他和小伙伴吵架的原因，并给出了建议：让牛娃主动向小伙伴道歉，表达自己的歉意。同时，AI 还为牛娃推荐了一些缓解情绪的音乐和放松练习。在 AI 的帮助下，牛娃很快调整了情绪，和小伙伴重归于好。

理论支撑

1.多元智能理论：该理论认为人类的智能是多元化的，由多种不同类型的智能组成。每个孩子都有自己擅长的智能领域，家长应该根据孩子擅长的领域，为孩子提供个性化的教育。AI 能够帮助家长更好地了解孩子擅长的领域，为孩子提供个性化的教育方案，促进孩子的全面发展。

2.情绪智力理论：情绪智力是影响孩子成长的重要因素之一。孩子的情绪智力越高，越能有效地管理自己的情绪，与他人建立良好的关系。AI

能够帮助家长及时发现孩子的情绪问题，并提供有效的安抚建议，提高孩子的情绪智力。

总结 人机共育，开启智慧未来

在 AI 育儿的时代，家长与 AI 的协作是教育的必然趋势。AI 为家长提供了强大的数据支持和个性化的育儿建议，帮助家长更好地了解孩子，促进孩子的全面发展。同时，家长的智慧和经验也是 AI 无法替代的，家长需要与 AI 紧密合作，共同为孩子的成长保驾护航。就像张无忌与倚天剑在江湖中携手共进，家长与 AI 也需要共同努力，开启智慧育儿的新纪元。相信在家长与 AI 的共同努力下，孩子一定能够在成长的道路上茁壮成长，迎接美好的未来。

第二节 数智管理的教育新工具

家庭教育的"数字罗盘"，可视化成长的每一步

在金庸的武侠世界里，侠客们行走江湖，总少不了借用各种奇门遁甲、罗盘指引，才能在错综复杂的江湖局势中找准方向。而在现代家庭教育的江湖里，家长也需要一个"数字罗盘"，来精准把握孩子的成长路径。这个"数字罗盘"，就是可视化家庭教育管理工具，它结合了 AI 技术，让孩子的学习、行为、情绪等数据一目了然，帮助家长在育儿之路上不再迷茫。

核心观点 数字罗盘，精准导航

家庭教育管理工具就像一个精准的"数字罗盘"，通过可视化的方式，将孩子成长过程中的各种数据呈现出来。家长可以根据这些数据，及时了解孩子的学习进度、行为表现和情绪变化，从而精准地把握教育方向，作出科学合理的教育决策。

方法论 学习进度仪表盘→行为表现雷达图→情绪变化晴雨表→成长轨迹地图

❶ 学习进度仪表盘

在《天龙八部》中，乔峰凭借其高超的武艺和敏锐的洞察力，能够在战斗中迅速判断对手的实力和招式。而在家庭教育中，学习进度仪表盘就像乔峰的洞察力，能够实时监测孩子的学习进度，让家长清楚地知道孩子掌握各个学科的情况。

学习进度仪表盘通过AI将孩子的学习数据进行收集和分析，以直观的图表形式呈现出来。家长可以通过仪表盘看到孩子的作业完成情况、考试成绩、知识点掌握程度等信息。例如，如果孩子的数学成绩由于某个知识点掌握不好出现了下滑，仪表盘会及时显示出来，家长就可以针对这个知识点进行辅导。根据认知心理学的研究，及时反馈对于学习效果的提升至关重要。学习进度仪表盘能够为家长提供及时、准确的学习反馈，帮助家长及时发现问题并采取措施，从而提高孩子的学习效果。

【案例】

牛娃的妈妈发现，孩子在英语单词背诵方面总是拖沓，导致英语成绩不理想。通过学习进度仪表盘，她看到牛娃的英语单词背诵进度远远落后于计划。于是，她和牛娃一起制订了一个单词背诵计划，并利用 AI 设置了每天的背诵提醒和测试。经过一段时间的努力，牛娃的英语单词量有了显著提升，英语成绩也得到了提高。

❷ 行为表现雷达图

在《笑傲江湖》中，令狐冲凭借独孤九剑的精妙剑法，在战斗中洞察到对手的破绽。行为表现雷达图就像令狐冲的独孤九剑，能够敏锐地捕捉孩子在行为表现上的优点和不足。

行为表现雷达图通过 AI 对孩子在日常生活中的行为表现进行监测和分析，包括生活习惯、社交能力、自律性等方面。家长可以通过雷达图看到孩子的各项行为指标，及时发现孩子的优点和需要改进的地方。例如，如果孩子的社交能力较弱，雷达图会显示出来，家长就可以有针对性地培养孩子的社交技能。

【案例】

牛娃的爸爸发现，孩子在与小伙伴相处时总是容易发生冲突。通过行为表现雷达图，他看到牛娃的社交能力指标较低，尤其是在情绪控制和沟通技巧方面存在问题。于是，他和牛娃一起参加了一些社交技能培训课程，并利用 AI 设置了情绪控制和沟通技巧的练习任务。经过一段时间的训练，牛娃的社交能力有了明显提升，与小伙伴相处也越来越融洽。

3 情绪变化晴雨表

在《神雕侠侣》中，小龙女能够通过观察杨过的表情和言行，感知到他的情绪变化。情绪变化晴雨表就像小龙女的感知能力，能够实时监测孩子的情绪状态，让家长及时了解孩子的情绪波动。

情绪变化晴雨表通过 AI 对孩子的情绪数据进行收集和分析，包括面部表情、语音语调、行为举止等方面。家长可以通过晴雨表看到孩子的情绪变化趋势，及时发现孩子的情绪问题。例如，如果孩子在某个时间段内情绪波动较大，晴雨表会及时显示出来，家长就可以与孩子进行沟通，了解孩子的情绪困扰，并给予相应的安慰和支持。

【案例】

牛娃的妈妈通过情绪变化晴雨表发现牛娃在考试前的情绪波动较大，存在明显的焦虑情绪，影响考试成绩。于是，她和牛娃一起进行了一些放松训练，并利用 AI 设置了考试焦虑的缓解技巧练习。经过一段时间的训练，牛娃的情绪得到了有效控制，考试成绩也有了明显提高。

理论支撑

1. 社会学习理论：该理论认为孩子的行为表现受到环境和自身认知的影响。通过行为表现雷达图，家长可以及时了解孩子的行为表现，为孩子提供针对性的指导和帮助，促进孩子的社会适应能力发展。

2. 情绪智力理论：情绪智力对于孩子的成长和发展具有重要影响。情绪变化晴雨表能够帮助家长及时了解孩子的情绪状态，提高孩子的情绪智力，促进孩子的心理健康。

4 成长轨迹地图

在《倚天屠龙记》中，张无忌通过乾坤大挪移心法，能够将内力运转至全身各个穴位，从而提升自己的武力。成长轨迹地图就像乾坤大挪移心法，能够将孩子成长过程中的各种数据进行整合和分析，呈现出孩子的成长轨迹。

成长轨迹地图通过 AI 将孩子的学习、行为、情绪等数据进行整合，以地图的形式呈现出来。家长可以通过成长轨迹地图看到孩子的成长趋势，了解孩子在不同阶段的发展情况。例如，家长可以看到孩子在小学阶段的学习成绩、行为表现和情绪变化，以及在初中阶段的变化趋势，从而为孩子的未来发展提供科学的规划。

根据发展心理学的研究，孩子的成长是一个动态的过程，需要家长进行科学的规划和引导。成长轨迹地图能够为家长提供全面、直观的成长数据，帮助家长更好地了解孩子的成长规律，为孩子的未来发展提供科学的指导。

【案例】

牛娃的爸爸通过成长轨迹地图，看到孩子在小学阶段的学习成绩一直比较稳定，但在初中阶段出现了下滑趋势。他发现孩子在初中阶段的学习压力增大，导致情绪波动较大，影响了学习效果。于是，他和牛娃一起制订了一个学习计划，并利用 AI 设置了学习压力的缓解技巧练习。经过一段时间的努力，牛娃的学习成绩逐渐回升，情绪也得到了有效控制。

【理论支撑】

系统论：该理论强调事物是一个有机的整体，各个部分之间相互联系、相互影响。在家庭教育中，孩子的学习、行为、情绪等方面是一个相互关联的系统，需要家长进行全面、系统的管理和引导。可视化家庭教育管理工具通过 AI 将孩子的各项数据进行整合和分析，为家长提供了一个全面、系统的家庭教育管理平台，帮助家长更好地把握孩子的成长方向。

总结 数字罗盘，照亮成长之路

在家庭教育的江湖中，可视化家庭教育管理工具就像一个精准的"数字罗盘"，为家长照亮孩子的成长之路。通过学习进度仪表盘、行为表现雷达图、情绪变化晴雨表和成长轨迹地图等功能，家长可以及时了解孩子的学习、行为、情绪等方面的情况，作出科学合理的教育决策。让我们手持"数字罗盘"，在育儿之路上乘风破浪，为孩子的成长保驾护航。

附：

家庭公约，新时代家庭教育的智慧钥匙

来庆新　高艳芸

　　在浩瀚的教育星空中，总有一些璀璨的星辰引领着我们前行。在中国家长教育领域，有这样一位领航者——中国家长教育研究所所长、中国家庭教育学会理事、北京市教育学会家长教育专业委员会理事长齐大辉教授，他以深厚的学术底蕴和丰富的实践经验，首倡并发扬了家庭公约教育方法。这一方法成为万千家庭走向和谐与进步的灯塔，成为家校社协同育人的"公约钥匙"。2024年9月、2025年4月，笔者有幸在大连两次向齐大辉教授当面求教，结合齐大辉教授关于家庭公约的教育方法及实践，探讨在新时代背景下对家长需求的深远影响，以期为家长提供一份富有思想性、逻辑性、可读性、指导性的家庭教育指南。

一、家庭公约：家庭和谐的稳定器

　　齐大辉教授提出的家庭公约，旨在通过家庭成员间的共同约定，在家庭中推行"家庭法官"，家长与孩子通过家庭会议形式定好家庭公约及奖罚机制，以月为单位进行统计、总结、公示，构建家庭内部的秩序与规范，实现家庭的和谐与发展。

　　"家庭公约是稳定家庭的法典。我曾经讲过，青年结婚登记前要先学习家庭教育学。齐教授做好教育最基础的工程。佩服！"这是我国著名教育学家、新中国比较教育学科奠基人、北京师范大学资深教授顾明远先生对齐大辉教授家庭公约的高度评价。的确，家庭公约如同一面镜子，映照出家庭成员的共同愿景与价值追求，它既是家庭内部的"小宪法"，也是家庭教育的"指南针"。

在新时代背景下，随着社会的快速发展和信息的爆炸式增长，家长面临着前所未有的挑战与机遇。如何成为合格的家长？如何在繁忙的工作与生活中找到教育孩子的平衡点？成为许多家长亟需解决的问题。

齐大辉教授的家庭公约理论与方法，正是为解决这一问题而生。它提供了一种全新的家庭教育模式，即通过家庭成员间的共同约定，明确各自的责任与义务，形成家庭内部的合力，共同促进孩子的健康成长。

二、实践探索：家庭公约的广泛应用

自 2000 年前后齐大辉教授首倡家庭公约以来，这一教育方法便如雨后春笋般迅速在全国各地生根发芽。从家庭到学校，从社区到企业，家庭公约的广泛应用，不仅促进了家庭的和谐与稳定，也为社会的文明进步贡献了力量。

2004 年，齐大辉教授担任《辽宁省百万家长教育工程》专家组组长，后陆续在北京市、大连市、银川市等落地开展家庭教育实践。

2004 年 3 月 4 日，在齐大辉教授的倡导下，中国家长教育工程在大连全面启动，启动仪式由大连市妇联、大连市科协、大连市图书馆、半岛晨报社共同主办。

在启动日当天，齐大辉教授为大连的父母们送上了一堂生动精彩的公

益讲座——《学做教练型父母 培养杰出孩子 建设和谐家庭》。大连市图书馆二楼报告厅内座无虚席，400 名爸爸妈妈时而欢笑、时而专注、时而热烈发言、时而踊跃提问，会场内不时爆发出雷鸣般的掌声。大家都为一个共同的目标而齐心努力：成为优秀的教练型父母，为滨城培养更多杰出的孩子。

近些年，齐大辉教授结合实践，出版了《爱是一次共同的成长》《一次管一生的教育》《聪明家长的杠杆养育法》《家庭公约案例集》等书籍，2019 年北京理工大学出版社出版的《爱是一次共同成长》被中国出版协会与中国家庭教育学会评为"中国百部家庭教育指导读物"；2016 年在国家图书馆，齐大辉教授为中央和国家机关工委、文化和旅游部、中国社会科学院联合主办的"部级领导干部历史文化讲座"做《家风文化 家国情怀》讲座。

齐大辉教授还在大连多次举办公益讲座，推广家庭教育理念，并推广家庭公约这一教育方法，让很多的家庭受益。家住大连西岗区的姿杉女士就是一位受益人。

2025 年 4 月 2 日，姿杉和齐大辉教授在大连再次见面，回顾起齐教授 21 年前的授课场景，仍历历在目，她说："我的家庭就是受益者，我和爱人、孩子通过家庭公约的方法指引，形成了非常好的家庭关系，让我们受益良多，我也想继续传播齐大辉教授的教育理念，让更多的家长和孩子受益。"

笔者了解到，近些年来，通过一系列实践，家庭公约在家庭、学校、社区层面，已经形成了广泛的影响力。

1. 家庭层面

在家庭中，家庭公约成为家庭教育的"金钥匙"。通过制定公约，家庭成员明确了各自的角色与责任，形成了良好的家庭氛围。比如，有的家庭约定每周共同阅读一本书，有的家庭约定每天进行一小时的家庭运动，这些看似简单的约定，却在无形中培养了孩子的阅读习惯和运动兴趣，增进了家庭成员间的感情。

2. 学校层面

在学校中，家庭公约与班级公约相结合，形成了家校共育的新模式。学校通过组织家长会、家长课堂等活动，引导家长参与制定班级公约，共同为孩子的成长营造良好环境。这种模式下，家长不再是学校教育的旁观者，而是积极参与者，家校之间的合作更加紧密，教育效果更加显著。

3. 社区层面

在社区中，家庭公约成为社区治理的"润滑剂"。社区通过组织亲子活动、家庭教育讲座等活动，引导社区居民制定社区公约，共同维护社区的和谐与稳定。这种模式下，社区居民之间的关系更加融洽，邻里之间的互助与合作更加频繁，社区的整体氛围更加文明和谐。

三、新时代家长需求下的家庭公约仍在升级

随着新时代的到来，家长的需求也在不断变化。如何在新时代背景下，让家庭公约更好地服务于家庭和社会，成为齐大辉教授及广大教育工作者共同关注的问题。

1. 注重个性化发展

新时代家长更加注重孩子的个性化发展。因此，在制定家庭公约时，家长应充分考虑孩子的个性特点与兴趣爱好，鼓励孩子在公约的框架内自由发展。比如，可以约定每周让孩子自主选择一项兴趣活动进行探索和学习，这样既能培养孩子的兴趣爱好，又能增强孩子的自主性和责任感。

2. 强化协同育人机制

新时代背景下，家校社协同育人机制成为教育发展的重要趋势。因此，在制定家庭公约时，家长应加强与学校、社区等外部机构的沟通与合作，共同为孩子的成长提供全方位的支持与服务。比如，可以约定定期参加学校组织的家长会、家长课堂、家长学堂等活动，了解孩子在校表现；同时积极参与社区组织的亲子活动、家庭教育讲座等，拓宽家庭教育视野。

3. 倡导终身学习理念

新时代家长应树立终身学习的理念，努力创建学习型家庭。在制定家庭公约时，家长可以约定每月至少阅读一本家庭教育书籍或参加一次家庭教育讲座等活动，不断提升自身的教育素养和育儿能力。这样既能满足家长自身成长的需求，又能为孩子树立良好的学习榜样。

齐大辉教授是大连人，工作在北京，但一直心系家乡，心系家乡的家庭教育事业。2024年9月、2025年4月，齐大辉教授两次回到家乡大连，与姿杉等多位新老朋友举办小型沙龙，分享在国家大力推行"双减"的新时代教育背景下，如何更有效地开展家庭教育，如何发挥家庭公约的更大效能，帮助更多的家庭。

尤其是 2025 年 4 月 1 日、2 日，齐大辉教授不辞辛苦，在沙河口区、高新区会见了多位热爱家庭教育的有识之士，与大家分析当前家庭教育的背景、难点和出路。齐大辉教授指出："国有国法，家有家规，家是最小的国，国是最大的家。家长能按约持家，有助于国泰民安、社会和谐。家长好好学习，家人自然天天向上。家长不成熟，将严重影响家庭、单位甚至国家与民族的前途和命运，家长教育是民族预防教育，在新时代背景下，持续开展家庭教育势在必行。"

2023 年 1 月，教育部、中宣部等 13 部门联合印发《关于健全学校家庭社会协同育人机制的意见》，提出"到 2035 年，形成定位清晰、机制健全、联动紧密、科学高效的学校家庭社会协同育人机制。"

而早在 2018 年，《中国教育报》就以《构建中国特色协同教育机制》为题，报道了齐大辉教授关于协同育人机制的论述及实践。齐大辉教授通过实践提出：认真贯彻落实习近平总书记全国教育大会重要讲话精神，就要开创党建家风相结合的理论方法创新，落实现代社会协同教育机制，将新时代思想政治工作做在日常、做到个人、做进家庭。

齐大辉教授认为，2023 年这一意见的出台，为当前开展家庭教育指明了路径，在此指引下，以家庭公约为抓手，就可以很好地将协同育人机制贯彻执行下去，其中家长切实履行家庭教育主体责任、社会有效支持服务全面育人，这两点尤为重要。

2025 年 4 月 2 日，齐大辉教授来到大连高新区凌水街道党群服务中心，在与好人模范志愿者代表座谈时，他特别指出，当前的家庭教育，

要放在国家大政方针的大背景下开展，与"家庭、家教、家风"相结合，与"文明城市""文明家庭"建设相结合，与"讲好我家的中国故事"相结合。

四、让家庭公约成为新时代的家庭教育新风尚

家庭是人生的第一个课堂，父母是孩子的第一任老师。在新时代背景下，家庭教育的重要性愈发凸显。齐大辉教授的家庭公约理论，为我们提供了一种全新的家庭教育模式，即通过家庭成员间的共同约定，实现家庭的和谐与稳定，促进孩子的健康成长。

展望未来，由大连家长围绕家庭公约共建的"一起向未来"学习型组织，将在齐大辉教授指引下，以教育理念科普、公益讲座、公益沙龙等形式，陆续开展"家庭公约进社区""家庭公约进学校""家庭公约进企业"等系列公益活动，鼓励家庭、学校、社区运用好家庭公约、班级公约、社区公约这些拐杖，发挥公约杠杆作用，制定公德奖励政策，让"公约文化"成为大连这座文明城市的显著特色和文明新风。

我们期待更多的家庭能够加入家庭公约的实践中来，让这一理念成为新时代的家庭教育新风尚。同时，我们也期待齐大辉教授及广大教育工作者能够继续深耕家庭教育领域，为我们带来更多富有思想性、实践性和创新性的家庭教育成果。

教育的本质意味着一棵树摇动另一棵树，一朵云推动另一朵云，一个灵魂唤醒另一个灵魂。让我们携手共进，用爱与智慧点亮每一个家庭的教育之光，共同书写新时代家庭教育的辉煌篇章！

致 谢

感谢以下朋友在本书撰写过程中给予的无私帮助。排名无先后,情谊同深厚。

赵　辉　　刘艳彦　　来庆新　　张馨月　　李　明
高艳芸　　丛玉丽　　王宽永　　兰昕恬